跨国公司在华子公司角色演化研究

Research on the Evolution of MNC Subsidiary Role in China

刘鹴◎著

中国经济出版社
CHINA ECONOMIC PUBLISHING HOUSE
北京

图书在版编目（CIP）数据

跨国公司在华子公司角色演化研究 / 刘鹴著.
北京：中国经济出版社，2017.8
ISBN 978-7-5136-4814-1

Ⅰ.①跨… Ⅱ.①刘… Ⅲ.①跨国公司—企业管理—研究 Ⅳ.①F276.7

中国版本图书馆 CIP 数据核字（2017）第 195544 号

责任编辑　赵静宜
责任印制　巢新强
封面设计　久品轩

出版发行　中国经济出版社
印 刷 者　北京力信诚印刷有限公司
经 销 者　各地新华书店
开　　本　710mm×1000mm　1/16
印　　张　13.25
字　　数　200 千字
版　　次　2017 年 8 月第 1 版
印　　次　2017 年 8 月第 1 次
定　　价　56.00 元
广告经营许可证　京西工商广字第 8179 号

中国经济出版社 **网址** www.economyph.com **社址** 北京市西城区百万庄北街 3 号 **邮编** 100037

本版图书如存在印装质量问题，请与本社发行中心联系调换（联系电话：010-68330607）

前　言

改革开放以来，跨国公司在华投资环境在外资政策、劳动力市场、竞争环境与高新技术发展方面均发生了巨大的变化。为了适应这一变化，跨国公司在华子公司的角色也必然会产生调整。通过对跨国公司理论文献的梳理可以看出，近年来，跨国公司子公司日益成为管理学界重要的研究对象，得到了学者们的广泛关注。因此，深入研究跨国公司在华子公司的角色演化对跨国公司的理论发展以及跨国公司在华管理实践都具有重要意义。

因此，本文以跨国公司在华子公司为研究对象，主要解决以下 3 方面问题：第一，跨国公司在华子公司有哪些角色类型？第二，跨国公司在华子公司角色自成立后发生了怎样的演化？第三，哪些因素作用于跨国公司在华子公司的角色演化？它们的作用机理是什么？

为了解决上述问题，本文采用了规范分析与实证分析相结合的研究方法，首先，通过文献的回顾与梳理，提出跨国公司子公司角色的分类维度、演化路径以及影响因素，构建相应的概念模型，随后通过问卷调查、访谈等，共收集了 179 家跨国公司在华子公司成立初期、现阶段以及预期 10 年后的角色信息。随后本文运用 Excel 对角色信息进行归纳并利用 SPSS20.0 与 AMOS21.0 统计分析软件对跨国公司在华子公司角色演化影响机制进行实证研究，分析了各个因素对跨国公司在华子公司角色演化的影响。本书的主要研究结论包括：

第一，跨国公司子公司角色分类主要包含 5 个维度，即子公司自主权、子公司能力、子公司目标市场范围、子公司价值链活动附加值以及子公司知识流动。通过这 5 个维度，可以将跨国公司子公司角色划分为 48 种类型。通过问卷调查，发现跨国公司在华子公司的子公司自主权、能力、知识流动水平普遍较高，而子公司价值链活动附加值也随着子公司经营年限的增长经历了由低向高转变的过程，目标市场范围也由中国市场逐步向全球市场扩张。跨国公司在华子公司最常见的角色类型为当地高级生产者、区域高级生产者、全球高级生产者以及当地运营中心和全球运营中心。此外，通过不同国别与不同行业的对比，发现不同国别的跨国公司在华子公司角色类型的构成比例差异不大，总体遵循着成立初期角色种类较为分散，随着在华时间的不断增长，子公司角色种类越来越集中的趋势。而不同行业的跨国公司在华子公司角色类型存在差异，其中贸易业子公司自成立至今当地高级生产者居多，预期 10 年后将发展成为全球高级生产者居多；制造业子公司自成立至今当地高级生产者以及全球高级生产者居多，预期 10 年后高级当地生产者和全球运营中心居多。

第二，跨国公司在华子公司角色演化路径主要包含稳定型、发展型、退化型、先稳定再发展型、先发展再稳定型、先退化再发展、先发展再退化、先退化再稳定和先稳定再退化型 9 种类型。具体而言，跨国公司在华子公司自成立初期至今，角色演化路径以发展型与稳定型居多，退化型子公司较少；不同国家的跨国公司在华子公司角色各种演化路径的大致比例相似，而不同行业的子公司角色演化路径差异较大：其中，制造业、建筑和其他行业的子公司角色演化路径发展型居多、稳定型其次而退化型最少，贸易、交通物流、通信和金融行业的子公司角色演化路径稳定型居多、发展型次之、退化型最少，而旅游行业的子公司各种角色演化路径数目相等。跨国公司在华子公司从现阶段到预期 10 年后，遵循发展型和稳定型角色演化路径的子公司数量均有所提高，而退化型演化明显减少；不同国别的跨国公司在华子公司现阶段至预期 10 年后的角色演化路径存在明显差异，其中欧洲和亚洲的跨国公司在华子公司角色演化路径中稳定型居多、发展型次之，而美洲国家的跨国公司在华子公司角色演化路径则是稳定型的比例最高；而不同行业的跨国公司在华子公司现阶段至预期十年后角色演化路径的比例与其自初成立时期至今大致相当。跨国公司在华子公司从成立初期至预期 10 年后，角色演化路径为发展型的子公司最多，稳定型次之，波动型和退化型较少。总体而言，不同国别的跨国公司在华子公司的角色演化路径均以发展型居多、稳定型次之；而不同行业的跨国公司在华子公司角色演化路径存在差异，其中贸易、制造业、基础设施建设、金融和其他行业的子公司发展型角色演化的比例较高，尤其是制造业；交通物流、计算机通信以及餐饮行业的子公司稳定型角色演化的比例较高；资源开发行业的子公司角色演化趋于稳定型；各个行业均存在波动型演化，但是比例较低；资源开发、建筑、旅游、金融以及其他行业不存在退化型角色演化。

第三，根据前人的研究，创新性地将跨国公司竞争战略因素纳入子公司角色演化影响因素中，提出了基于跨国公司竞争战略的子公司角色演化动态模型。并且根据问卷数据类型的不同，本文选取了二元逻辑回归、T检验、方差分析以及结构方程模型进行实证研究。模型结果分析表明：跨国公司竞争战略对子公司角色演化具有重要影响，一方面，跨国公司竞争战略直接作用于子公司自主权、子公司能力、子公司目标市场范围和子公司知识流动4个维度，另一方面，跨国公司竞争战略对子公司股权模式和市场进入方式的选取有重要的影响作用，而子公司股权模式和市场进入方式又进一步与子公司的自主权与知识流动维度相关；子公司经营目的、子公司能动性和东道国环境对子公司的角色演化有影响作用，子公司不同的经营目的会影响子公司的自主权，子公司能动性和东道国环境对子公司自主权、子公司能力、子公司价值链活动附加值和知识流动4个维度均有重要影响。此外，子公司的角色演化会进一步影响子公司的竞争战略选择，其中，子公司能力、子公司目标市场和子公司知识流动对子公司能动性具有正向作用，而子公司能动性的提高会使子公司选择跨国战略的机率提高。

本书的创新点体现在以下几个方面：

第一，从跨国公司竞争战略视角解读跨国公司子公司角色。本书创新性地将跨国公司竞争战略理论纳入到跨国公司子公司角色理论的研究中，通过文献分析与实证研究，分析与比较了跨国公司在华子公司竞争战略的发展，并指出了跨国公司竞争战略对子公司角色演化的重要影响，具有较大的理论贡献与实践意义。

第二，跨国公司子公司角色分类维度研究与量表的开发。本书在系统地梳理跨国公司子公司角色分类理论的基础上，基于跨国公司竞争战略理论构建了跨国公司子公司角色分类的研究框架，提出了子公司角色分类的五维模型，并通过因子分析获得了子公司角色分类的测度量表，对跨国公司在华子公司的角色分类以及演化路径进行了实证检验。比较前人的研究，本书提出的子公司角色分类维度更为全面，能够更加深入地刻画子公司角色的特性，具有较大的理论贡献与实践意义。

第三，跨国公司子公司角色演化影响机制动态模型的提出。以往学者关于子公司角色演化影响机制的研究多为静态的，描述某一时点各个影响因素对子公司角色演化的作用，并且影响因素的选取也具有片面性。本书在前人研究的基础上，将跨国公司竞争战略纳入子公司角色演化影响机制中，并且通过规范分析，发现跨国公司竞争战略与子公司能动性对子公司角色演化的重要作用，即跨国公司竞争战略一方面对子公司角色演化产生影响，另一方面，子公司角色的演化又会进一步通过影响子公司能动性并进而影响跨国公司的竞争战略。因此，本书提出了跨国公司子公司角色演化影响机制的动态模型，并通过对跨国公司在华子公司角色演化的实证研究验证了这一模型，具有较大的理论贡献与实践意义。

第四，从发展中国家视角考察跨国公司子公司角色演化影响因素。传统的跨国公司子公司角色演化影响因素的实证研究多是基于东道国为发达国家的研究，以发展中国家为东道国的研究较少，并且多为案例分析。因此，本书以跨国公司在华子公司为研究对象进行子公司角色演化影响因素的实证研究，丰富了跨国公司子公司角色理论和发展中国家的跨国公司理论，具有较大的理论贡献与实践意义。

CONTENTS
目录

第1章 导 论

1.1 研究背景与研究意义

1.1.1 研究背景

1. 现实背景

随着经济全球化的不断发展，跨国公司逐步成为世界经济的主体。跨国公司为了追求成本优势与规模报酬，采用国际分工的方式，在全球范围内进行资源配置。20世纪70年代末，跨国公司之间以产品为核心缔结战略联盟，目的在于实现规模经济、降低产品成本、改进供货质量和提高供货效率。自20世纪80年代以来，跨国公司的并购活动在全球范围内渐趋活跃，并发展成为对外直接投资的主要形式。跨国公司在这一时期的并购活动主要以扩大生产规模、快速进入目标市场为特征。进入20世纪90年代以后，跨国公司的并购浪潮越加汹涌，并达到高潮，跨国公司子公司开始广泛分布于世界各个国家。然而这股并购热潮的特征明显区别于以往，主要是通过直接提升自身技术优势以应对激烈的竞争局面为目的。跨国公司通过并购其他企业、特别是大型跨国公司，可以尽快获取被并购企业的关键技术和大批的技术成果，以补充自身技术上的劣势，增强技术研发的能力，进而保证企业长期的技术垄断优势。跨国公司大多数起源于发达国家，这些国家是科技最发达的国家，能为跨国公司的研发活动提供技术支持（Wolgang，2000）①。然而，跨国公司传统的以母国为中心设置研发机

① Keller W. Geographic localization of international technology diffusion [R]. National bureau of economic research, 2000.

构的布局，正在随着竞争形势的变化进行着相应的调整。这种调整依然遵循着跨国公司一贯坚持的以全球作为活动舞台、优化配置资源、寻求垄断优势及实现利润最大化的原则。跨国公司为了有效、快速地借助世界“知识源”的科研成就，纷纷加紧对“知识源”所在区位的投资，建立海外研发机构。这些机构主要从事基础研究，力求获取新的知识资源，新时期跨国公司大量的研发机构开始向发展中国家转移。

改革开放以来，中国出台了一系列的优惠政策鼓励跨国公司来华投资。尤其是加入世贸组织以后，我国服务贸易领域对外开放进一步扩大。从我国吸引外资数目分析，我国使用外资金额2006年以来持续增长，然而我国新增外资企业数目2005年以来却连年下降，直到2014年才出现了小幅上升。联合国研究报告认为，这一情况预示着跨国公司在华投资的结构与规模发生了改变，其原因与中国经济结构的调整以及产业的升级有关。

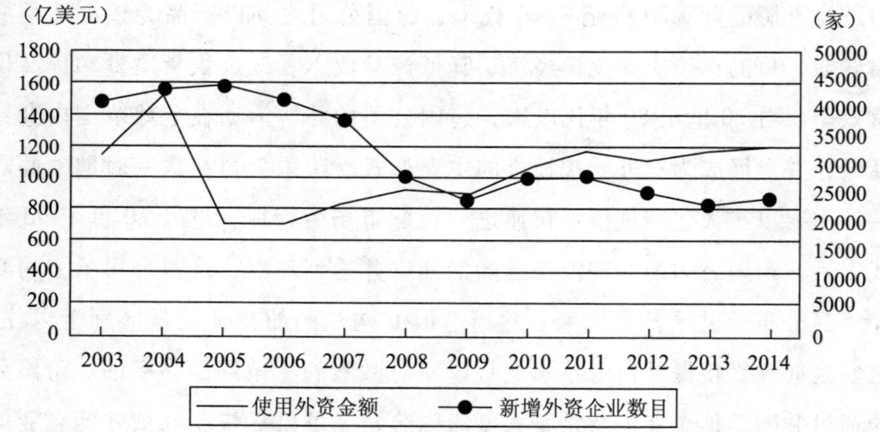

图1.1　2003—2014年中国使用外资金额和新增外资企业数目

数据来源：中国商务部网站。

纵观改革开放以来跨国公司在华的投资环境，无论是外资政策、劳动力市场还是竞争环境与高新技术发展方面，均发生了巨大的变化。

在外资政策方面，中国外资政策越来越多地注重营造一个有利于外资利用的制度环境。改革开放初期，中国经济基础薄弱，吸引外资，利用外资的先进技术进行基础产业建设与发展成为迫切的需要，在这一阶段，中国的投资环境还不够令人满意，因而要在竞争激烈的世界投资市场上占据一席之地就需要我国提供更多的优惠政策。同时，由于我国的外资政策法律处于萌芽时期，还存在许多不完善的地方，同时对外资的利用也有许多限制，但是这些不完善与限制随着经济的不断发展以及中国的“入世”发生了巨大的改变。“入世”以后，中国在非关税壁垒、关税等方面放宽了限制，同时，中国对货物、服务贸易、知识产权保护以及与贸易有关的投资措施方面的法律法规进行了修改，这些限制的放款以及政策的转变必然会导致跨国公司大规模地进入。此外，随着改革开放的深入，绿色与可持续发展日益得到国家的重视，我国关于资源开采的相关政策也在不断完善，对于自然资源与环境的保护日益加深，对于外资的态度也从改革开放初期一味地“招商引资”逐步向“招商选资”转变。

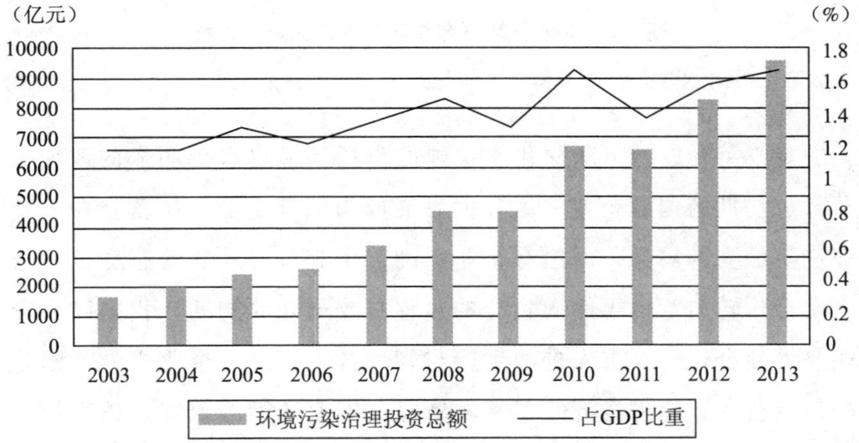

图 1.2　2003—2013 年中国环境污染治理投资总额及其占 GDP 比重

数据来源：中国统计年鉴。

我国的劳动力市场随着经济的发展也不断壮大，从 1978 年的 40152 万人攀升至 2011 年末全国就业人员达到 76420 万人，失业率也从 5.3%降至 4.1%，而劳动人口在三个产业中的分布随着经济的发展也发生了明显的变化，第一产业的就业人数随着时间不断减少，而第二产业与第三产业的就业人数不断上升，并且，在改革开放初期与中期，第二产业的就业人数明显高于第三产业，而改革开放之后，第三产业的就业人数超过了第二产业，这也代表着中国经济方式的转变。

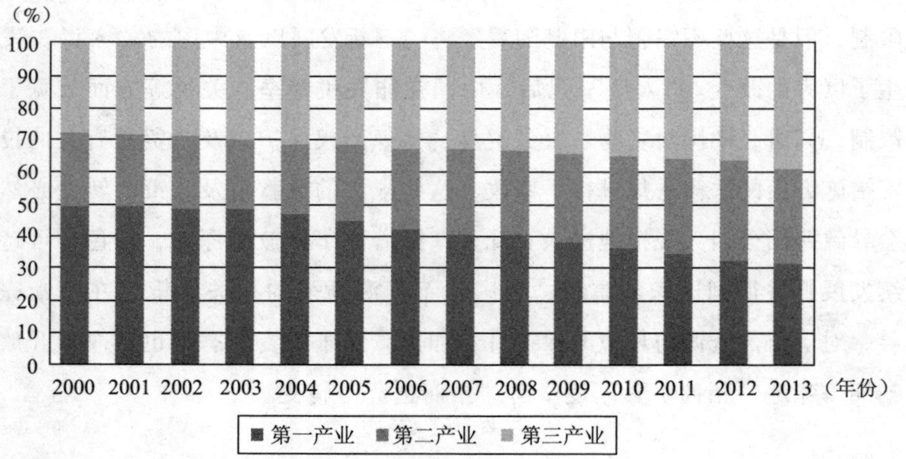

图 1.3　2000—2013 年中国三次产业就业人数

数据来源：中国劳动力统计年鉴。

随着改革开放的不断深化，我国的市场环境也有了明显的改变。由改革开放初期的国有企业一家独大发展成为国有企业、民营企业、外资企业三足鼎立的局面。而国有企业、民营企业对于外商的态度也经历了一个由合作转向竞争再转向竞合的过程：改革开放初期，我国以合资的形式与外商合作来寻求先进的生产与管理技术，国有企业成为跨国公司在华的同盟者；随着经济的不断发展以及国家政策的放宽，越来越多的跨国公司以独资的方式进入中国，伴随着崛起的民营企业以及国有企业便成为跨国公司在华的竞争者；后改革开放时期，跨国公司大规模涌入中国，其在华的竞争对手既包括原有的国有企业以及民营企业，也包括其他跨国公司，在这一阶段，跨国公司与国有企业与民营企业之间由竞争关系逐步走向了一种竞合关系，即在竞争中寻求合作，达到“共赢”的局面，所以国有企业与民营企业在这一时期既是跨国公司在华的竞争者，也是它们的同盟者。

此外，我国对知识产权的法律法规也进行了修订与完善，从而达到与国际接轨，新《专利法》《商标法》《著作权法》等的施行标志着我国知识产权法律体系迈上了一个更高的台阶。同时，我国的高技术产业也随着改革开放的推进蓬勃发展，这不仅归功于我国关于知识产权保护法律的不断完善，也归功于我国人民的教育水平不断提高以及国家对于科研重视程度的日益加大。虽然取得了巨大的进步，但是与西方发达国家相比我国对于研发的投资以及对于知识产权的法律保护仍然存在不足，需要相关部门进一步地完善与改进。同时，我国企业越来越注重产品的研发，在研发环节的投资比重连年增大，这也揭示了我国企业努力摆脱“代工厂”的身份，向价值链前端转移的战略重心。

2. 理论背景

过去的几十年，跨国公司子公司管理理论得到了迅速发展，也取得了一定的研究成果。Birkinshaw 和 Hood（1997）① 对跨国公司子公司管理理论做了系统的整理和归纳，将已有的理论定义为三大流派，即母子公司关系流派、子公司角色流派和子公司发展流派。随后，Birkinshaw 和 Pedersen（2001）② 在之前研究的基础上总结大量文献，将跨国公司子公司管理理论按照时间顺序分为四类，或称四大流派，即战略—结构流派、母子公司关系流派、子公司角色流派和子公司发展流派。

（1）战略—结构流派。这个学派的研究起源于组织理论，研究的关键问题是以更为灵活的结构来代替传统的层级制结构以实现企业战略目的。这一学派建立在结构可以跟随战略变化这一基本假设之上。多数学者都认为跨国公司必须在全球一体化的同时关注部分经营活动的当地化。这一学派理论关注的焦点在于母公司的战略制定与结构调整，对子公司没有给予特别的关注。

（2）母子关系流派。母子关系学派关注决策制定的集权化与标准化，

---

① Birkinshaw J, Hood N. An empirical study of development processes in foreign-owned subsidiaries in Canada and Scotland [J]. *Management International Review*, 1997: 339-364.

② Birkinshaw J, Pedersen T. Strategy and management in MNE subsidiaries [J]. *The Oxford Handbook of International Business*, 2001: 380-401.

以及如何使子公司对母公司的效益最大化。但是，这一学派的学者认为，子公司拥有某种程度的自治权，所以母公司需要依靠与子公司的关系实施战略，并且在决策制定上也需要母公司的参与。这一学派开始强调跨国公司的异质性以及跨国公司内部子公司战略特点的不同。但是这一学派的学者主要关注子公司与母公司之间的关系研究，对子公司之间的关系缺乏重视。

（3）子公司角色流派。子公司角色学派始于19世纪80年代。在以往的跨国公司管理研究中，学者们发现子公司具有独特的资源并且能够按照跨国公司组织中的某一角色进行相对独立的经营。White 和 Poynter（1984）① 等意识到子公司需要进行不同的经营活动并且面对着不同的经营挑战。这一发现使得跨国公司子公司成为独立的研究对象，子公司角色学派就此产生。

早期，加拿大学者（D' Cruz，1986；White & Poynter，1984）② 开始研究公共政策对于子公司角色的影响，提出了世界产品授权这一子公司角色类型。在一个包含了445个加拿大子公司的研究中，Feinberg（2000）③ 发现世界产品授权型子公司在增大投资和自主权的同时也在减少规模缩小化的风险。随着跨国公司子公司角色理论的发展，学者们提出了一系列不同的分类模型来区分子公司的不同战略角色，并且这些分类理论在后续学者的研究中得到了应用和不断发展。

（4）子公司发展流派。Prahalad 和 Doz（1981）④ 首先提出了跨国公司子公司发展的概念。随后 White 和 Poynter（1984）在对加拿大子公司的研究中提出“子公司的首要目标是强调它们的战略作用对母公司而言不仅仅是提高效率”。子公司发展学派认为，子公司发展是一个长期、动态的过

---

① White R E, Poynter T A. Strategies for foreign-owned subsidiaries in Canada [J]. *Business quarterly*, 1984, 49 (2): 59-69.

② D' Cruz J R. Strategic management of subsidiaries [J]. *Managing the Multinational Subsidiary*, 1986: 5-39.

③ Feinberg S E. Do world product mandates really matter? [J]. *Journal of International Business Studies*, 2000: 155-167.

④ Prahalad C K, Doz Y L. An approach to strategic control in MNCs [J]. *Sloan Management Review*, 1981, 22 (4): 5-13.

程，子公司在自身的生产经营过程中积累了有价值的能力和资源，这些积累导致子公司战略地位的改变，从而造成了子公司角色的变化。这一学派的研究内容主要包括子公司角色演化的识别、子公司发展的驱动因素以及子公司的发展阶段。

可以看出，近年来，跨国公司子公司的角色和发展日益成为管理学界重要的研究对象，得到了学者们的广泛关注。因此，深入研究跨国公司在华子公司的角色演化对跨国公司的理论发展以及跨国公司在华管理实践都具有重要意义。

1.1.2 研究意义

1. 理论意义

（1）跨国公司子公司角色分类与演化理论的系统回顾与总结。国际上关于跨国公司子公司角色的理论研究已有 20 多年的历史，20 世纪 80 年代，就开始出现一些关于子公司角色的研究。为了深入探讨跨国公司在华子公司角色的分类与演化，本书对跨国公司子公司角色的分类与演化理论进行了系统、全面地回顾与比较。

（2）跨国公司在华子公司角色分类模型的提出。本书在系统地梳理跨国公司子公司角色分类理论的基础上，根据现阶段跨国公司管理实践并结合跨国公司的基本理论，提出了新的跨国公司子公司角色划分维度与标准，进一步扩展了跨国公司子公司角色分类理论。

（3）跨国公司在华子公司角色演化路径以及演化趋势的总结。基于前述的跨国公司在华子公司角色分类，本书构建了跨国公司在华子公司角色演化分析框架，并且从跨国公司竞争战略的角度出发，对跨国公司在华子公司角色演化过程进行了阐述，结合问卷调查结果与概念模型，总结了跨国公司竞争战略及其在华子公司角色演化路径与趋势。

（4）提出跨国公司子公司角色演化的影响因素的动态模型。本书在文献回顾与总结的基础上，归纳出了跨国公司子公司角色演化的影响因素，并基于跨国公司竞争战略提出了跨国公司子公司角色演化影响因素的动态模型，并进一步分析这些影响因素对跨国公司在华子公司演化过程的影响。

(5) 丰富了发展中国家和新兴经济体跨国公司理论。中国是发展中国家，也是国际上公认的新兴经济体国家。本书以中国为东道国，以在华子公司为研究对象，系统地研究了跨国公司在华子公司的分类以及演化问题，进一步丰富了发展中国家和新兴经济体的跨国公司理论。

2. 现实意义

本书通过对跨国公司在华子公司角色演化的研究，进一步解读出跨国公司竞争战略与其在华子公司角色的变化过程以及变化趋势，对跨国公司在华发展、我国企业自身发展以及我国政府的政策制定和实施都具有指导作用。

(1) 对跨国公司在华发展的指导意义。本书分析与研究了目前跨国公司在华子公司所承担的不同角色以及影响这些角色分类与演化的因素，可以使跨国公司在对华投资的过程中，有效地避免盲目投资，指导跨国公司的全球战略配置。跨国公司可以针对我国的市场特点，根据自身战略需要，实现跨国公司在华子公司的持续性发展，最大限度地发挥子公司在跨国公司全球战略中的作用。

(2) 对我国企业发展的指导意义。所谓“知己知彼，百战不殆”。在认识了跨国公司全球战略变化趋势后，我国企业可以根据自身特点，制定行之有效的战略管理机制，在与跨国公司在华子公司的竞争与合作中寻求自身的企业发展。同时，跨国公司在华子公司角色定位与演化过程的研究，对中国企业自身的成长与发展也具有极强的学习和借鉴价值。

(3) 为政府规范、引导跨国公司在华子公司提供政策依据。随着中国经济开放程度的不断加大，跨国公司在华子公司的数量不断增加，规模不断扩张。跨国公司在华角色演化必将使其越来越密切地融入中国市场，产生更强的互动作用，对中国国民经济的影响也日益显著。通过对跨国公司在华子公司角色演化的实证分析，对于政府规范、引导跨国公司在华子公司必将起到重要的参考作用，具有很强的实际价值。

1.2 相关概念界定

1.2.1 跨国公司

本文采用联合国1986年制定的《跨国公司行为守则》草案对跨国公司的定义：跨国公司是指由两个或更多国家的实体所组成的公营、私营或混合所有制企业，不论此等实体的法律形式和活动领域如何；该企业在一个决策体系下运营，通过一个或一个以上的决策中心使企业内部协调一致的政策和共同的战略得以实现；该企业中各个实体通过所有权或其他方式结合在一起，从而其中一个或多个实体得以对其他实体的活动施行有效的影响，特别是与别的实体分享知识、资源和责任。

1.2.2 跨国公司子公司

跨国公司子公司是指跨国公司母公司通过全部或者部分拥有合资企业的占有控制地位和具有影响力的股权，在东道国设立的具有独立法律形式的战略实体单位（赵景华，2006）①。本书为确保跨国公司对在华子公司的控制权，参照Jarillo和Martinez（1990）②的研究将母公司持股50%以上的跨国公司在华子公司作为研究对象。

1.2.3 子公司角色

子公司角色是指特定执行者或者利益相关者集团对于子公司未来发展的全部期许（Stefan & Eckert，2007）③。Malnight（1996）④认为，跨国公

① 赵景华．跨国公司在华子公司战略比较研究［M］．北京：经济管理出版社，2006.

② Jarillo J C，Martíanez J I. Different roles for subsidiaries：the case of multinational corporations in Spain［J］. *Strategic Management Journal*，1990，11（7）：501-512.

③ Eckert S，Rossmeissl F. Local heroes，regional champions or global mandates? Empirical evidence on the dynamics of German MNC subsidiary roles in Central Europe［J］. *Journal of East-West Business*，2007，13（2-3）：191-218.

④ Malnight T W. The transition from decentralized to network-based MNC structures：An evolutionary perspective［J］. *Journal of International Business Studies*，1996：43-65.

司通过一体化、当地回应和学习获取竞争优势而赋予子公司不同的作用。因而，子公司角色的衡量标准应为子公司所掌握、使用和负责的特定商业经营或者商业经营的元素（Birkinshaw & Hood，1997）①。因此，本书认为跨国公司子公司的角色是指子公司在跨国公司全球化经营中所承担的任务及其发挥的作用。

1.2.4 子公司角色演化

不同学者对于子公司角色演化的定义不同。Birkinshaw（1996）② 认为角色演化是母公司授权的改变。Dörrenbächer 和 Gammelgaard（2006）③ 认为子公司角色演化体现为产品、附加值、子公司市场范围的变化。杨桂菊（2006）④ 基于网络资本的视角对子公司角色演化机制进行了概念型研究，她认为子公司角色演化是指为子公司在网络利益最大化动机的驱使下，通过自身的学习，积累资源和能力，在增加网络资本的过程中，复制、重构网络关系，从而不断调整自身在网络中的位置。子公司角色的演化体现在两方面：一是子公司自身资源和能力的变化；二是子公司网络位置的演化。Eckert 和 Rossmeissl（2007）⑤ 通过子公司需要完成的战略目标，子公司为了完成战略目标所进行的价值链活动和各个价值链活动所对应的地理范围 3 个标准来衡量子公司角色是否发生演化。本书参照以往学者对于子公司角色演化的研究，根据子公司角色的定义将子公司角色演化定义为子公司的自主权、能力、目标市场范围、价值链活动以及知识流动发生变化。

---

① Birkinshaw J, Hood N. An empirical study of development processes in foreign-owned subsidiaries in Canada and Scotland [J]. *Management International Review*, 1997: 339-364.

② Birkinshaw J. How multinational subsidiary mandates are gained and lost [J]. *Journal of International Business Studies*, 1996: 467-495.

③ Dörrenbächer C, Gammelgaard J. Subsidiary role development: The effect of micro-political headquarters-subsidiary negotiations on the product, market and value-added scope of foreign-owned subsidiaries [J]. *Journal of International Management*, 2006, 12 (3): 266-283.

④ 杨桂菊．跨国公司子公司角色机制理论模型——子公司网络资本的分析视角［J］．世界经济研究，2006，11：16-21.

⑤ Eckert S, Rossmeissl F. Local heroes, regional champions or global mandates? Empirical evidence on the dynamics of German MNC subsidiary roles in Central Europe [J]. *Journal of East-West Business*, 2007, 13 (2-3): 191-218.

1.3 研究方法、研究框架与内容

1.3.1 研究方法

1. 规范分析方法

本书主要采用了规范分析方法中的文献分析法、归纳法与演绎法对前人关于跨国公司子公司的角色分类、演化路径以及演化影响机制3方面的研究成果进行了梳理，并对跨国公司竞争战略理论与相关文献进行了回顾，通过分析总结出以往研究中存在的局限与不足。然后进一步通过理论归纳和演绎，提出了适合的子公司角色类型、演化路径以及演化影响机制的理论分析框架与模型。并在借鉴国内外相关研究的基础上，完善了假设的设定以及量表的开发。规范分析方法的使用为本书达到研究目标、实现创新打下了坚实的基础。

2. 实证分析方法

实证分析主要采用了问卷调查、访谈、统计分析方法和案例研究法。本书在大量文献收集、阅读的基础上，初步设计了初始测量指标与问项，之后通过对跨国公司在华子公司的中高层人员进行问卷调查，对调查问卷进行了完善，并通过SPSS20.0和AMOS21.0统计软件对量表的信度和效度进行了检验。在跨国公司子公司角色演化影响机制的检验中，本书运用了二元逻辑回归、T检验、方差分析和结构方程模型分析法，对子公司角色影响因素各个变量之间的关系进行了研究，通过导入相关数据进行拟合，验证了本书提出的理论模型与假设。此外，本书还取了2个典型的跨国公司在华子公司进行案例分析，通过对其中高层管理者进行半结构化访谈，质化了本书的理论研究，深入揭示了跨国公司在华子公司的角色演化路径及其影响机制。

综上所述，本书综合采用了文献分析、归纳研究、问卷调查、访谈以及统计分析等多种研究方法，通过这些方法的相互配合，最终得出不同时期跨国公司在华子公司角色的类别、演化路径以及其影响机制。

1.3.2 研究框架与内容

本书的研究框架如图 1.4 所示。根据研究框架，主要分为 7 个章节展开论述。

第 1 章是导论：主要阐述选题背景及研究意义，相关概念的界定，同时对本书的研究方法、研究框架和可能创新之处等内容进行介绍；

第 2 章是文献综述：从子公司角色分类、角色演化路径以及角色演化机制 3 个方面对子公司角色相关文献进行梳理，并评述当前研究成果存在的不足；

第 3 章是跨国公司子公司角色演化理论研究：分析跨国公司子公司角色分类维度、子公司角色演化的作用机理，构建了跨国公司子公司角色分类、演化路径以及演化影响机制概念模型；

第 4 章是跨国公司在华子公司角色演化路径调查研究：根据以往的研究成果，提出子公司角色的测度方法和量表。收集数据，通过信度和效度分析验证量表的有效性，并得出不同时期跨国公司在华子公司的角色类型以及角色的演化路径；

第 5 章是基于跨国公司竞争战略的在华子公司角色演化影响机制实证研究：对东道国因素、跨国公司竞争战略、子公司因素以及子公司角色之间的关系分别提出研究假设，提出本书的测度方法和量表，并运用信度和效度分析测试量表的有效性，运用二元逻辑回归、T 检验、方差分析和结构方程模型对假设进行验证，并分析结果；

第 6 章是案例分析：选取 2 家典型的跨国公司在华子公司，通过子公司角色演化路径以及子公司角色演化影响机制两方面进行分析，进一步质化本书的理论研究；

第 7 章是结论、对策建议与未来研究发展方向：总结本书的主要研究成果，对跨国公司在华发展、我国企业的经营以及政府外资政策的制定提建议，并指明未来研究发展方向。

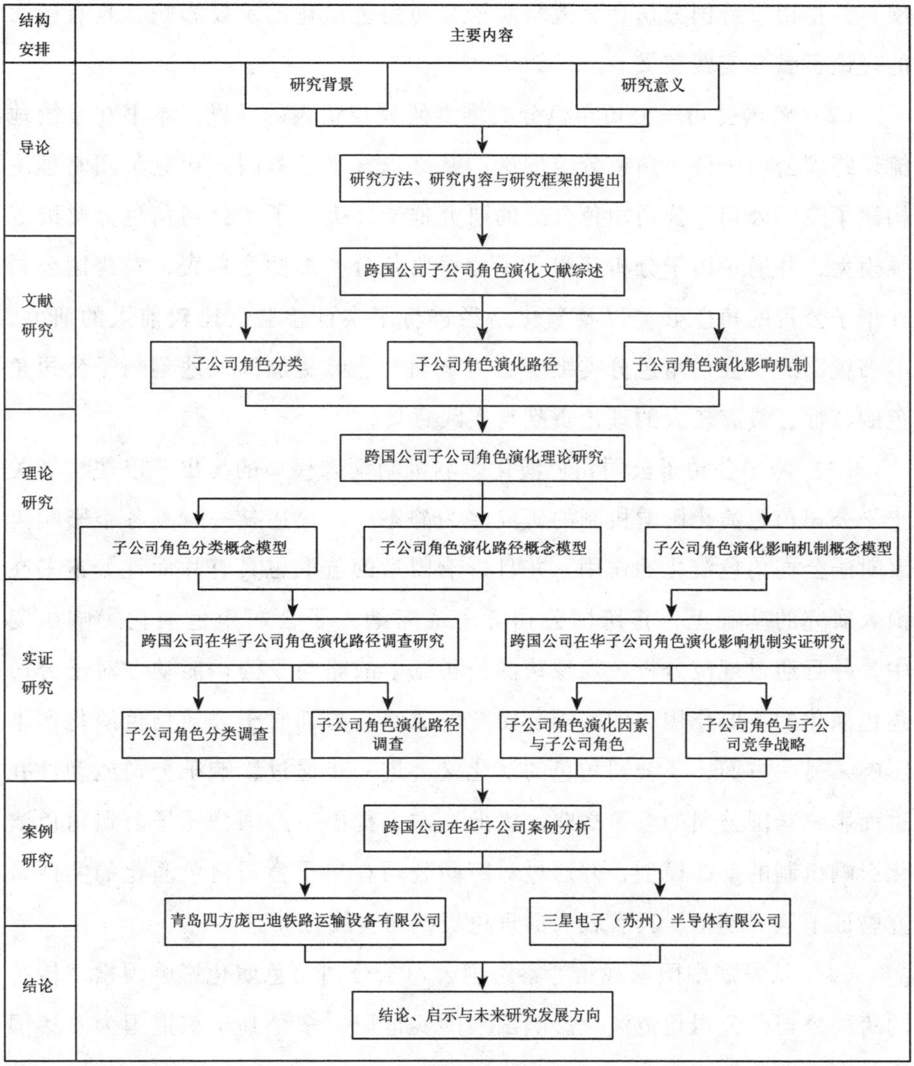

图 1.4 研究框架

1.4 可能的创新之处

（1）从跨国公司竞争战略视角解读跨国公司子公司角色。本书创新性地将跨国公司竞争战略理论纳入到跨国公司子公司角色理论的研究中，通过文献分析与实证研究，分析与比较了跨国公司在华子公司竞争战略的发展，并指出了跨国公司竞争战略对子公司角色演化的重要影响，具有较大的理论贡献与实践意义。

（2）跨国公司子公司角色分类维度研究与量表的开发。本书在系统地梳理跨国公司子公司角色分类理论的基础上，基于跨国公司竞争战略理论构建了跨国公司子公司角色分类的研究框架，提出了子公司角色分类的五维模型，并通过因子分析获得了子公司角色分类的测度量表，对跨国公司在华子公司的角色分类以及演化路径进行了实证检验。比较前人的研究，本书提出的子公司角色分类维度更为全面，能够更加深入地刻画子公司角色的特性，具有较大的理论贡献与实践意义。

（3）跨国公司子公司角色演化影响机制动态模型的提出。以往学者关于子公司角色演化影响机制的研究多为静态的，描述某一时点各个影响因素对子公司角色演化的作用，并且影响因素的选取也具有片面性。本书在前人研究的基础上，将跨国公司竞争战略纳入子公司角色演化影响机制中，并且通过规范分析，发现跨国公司竞争战略与子公司能动性对子公司角色演化的重要作用，即跨国公司竞争战略一方面对子公司角色演化产生影响，另一方面，子公司角色的演化又会进一步通过影响子公司能动性并进而影响跨国公司的竞争战略。因此，本书提出了跨国公司子公司角色演化影响机制的动态模型，并通过对跨国公司在华子公司角色演化的实证研究验证了这一模型，具有较大的理论贡献与实践意义。

（4）从发展中国家视角考察跨国公司子公司角色演化影响因素。传统的跨国公司子公司角色演化影响因素的实证研究多是基于东道国为发达国家的研究，以发展中国家为东道国的研究较少，并且多为案例分析。因此，本书以跨国公司在华子公司为研究对象进行子公司角色演化影响因素的实证研究，丰富了跨国公司子公司角色理论和发展中国家的跨国公司理论，具有较大的理论贡献与实践意义。

第 2 章　文献综述

过去的几十年，跨国公司子公司管理理论得到了迅速发展，也取得了一定的研究成果。学者们在以往的跨国公司管理研究中，发现子公司具有独特的资源并且能够按照跨国公司组织中的某一角色进行相对独立的经营。White 和 Poynter（1984）① 等意识到子公司需要进行不同的经营活动并且面对不同的经营挑战。这一发现使得跨国公司子公司成为独立的研究对象，子公司角色学派就此产生。伴随着跨国公司子公司的发展以及地位的提高，对子公司角色的研究逐渐受到重视。本章将从子公司角色分类、演化路径以及演化影响因素 3 个方面对以往学者关于子公司角色的研究成果进行梳理与评述。

2.1　跨国公司子公司角色分类

子公司角色分类的研究始于 19 世纪 80 年代，White 和 Poynter（1984）根据子公司的产品范围、市场范围与增值范围 3 个维度，最先对子公司角色分类进行了概念性研究，将子公司的角色类型分为以下 5 种：微型复制品型、销售卫星型、合理化制造商型、产品专家型以及战略独立型：微型复制品型子公司为母公司的小规模复制品，只生产某些当地化产品，微型复制品型子公司进一步又可分为照版型、修改型和改革型 3 种；销售卫星型子公司的特点是子公司并不负责生产制造环节，其产品从跨国公司其他

① White R E, Poynter T A. Strategies for foreign-owned subsidiaries in Canada [J]. *Business quarterly*, 1984, 49 (2): 59-69.

组织进口，该类型的子公司只进行销售和客户服务活动；合理化制造商型子公司的任务是为母公司的国际网络生产零部件，而研发营销环节则由母公司负责；产品专家型子公司对产品范围有控制权，能够自主开发产品；战略独立型子公司可以独立自主地进行产品的研发、制造和销售，战略选择自由。

后来，Birkinshaw，Bartlett，Rugman 以及赵景华等学者对跨国公司子公司角色分类问题进行了进一步研究，丰富与发展了子公司角色理论。然而在跨国公司子公司角色分类研究方面，长期存在母公司视角与子公司视角之间的争论。本书将分别从母公司视角与子公司视角两方面对跨国公司子公司角色分类的文献进行梳理与回顾。

表 2.1　子公司角色分类研究梳理

视角	分类维度	学者	子公司角色种类
母公司视角	一体化和当地化程度	Jarillo & Martinez（1990）	自治型子公司、接受型子公司和积极型子公司
		Taggart（1997a）；Lin & Hsieh（2010）	自治型子公司、接受型子公司、积极型子公司和沉默型子公司
	母公司对当地市场知识的认知程度和子公司的营销决策权	Solberg（2000）	当地贵族型、联邦型、内战型和同盟型
	子公司自治权和程序正义	Taggart（1997b）	伙伴型子公司、合作型子公司、附属型子公司以及好战型子公司
	跨国公司 FDI 目的	毛蕴诗（2001）	寻求利润型、寻求生存型、寻求市场型、寻求增长与发展型、分散风险型和寻求资源要素型
		Eckert & Rossmeissl（2007）	寻求效率型、寻求市场型、寻求资源型和寻求战略资产型
	区位优势和区位战略目的	Kim，Rhee & Oh（2011）	离岸型、来源型、跟随型、领导型、服务型和贡献型
	知识创造和范围、母子公司关系和对母公司知识的依赖	de Miranda & Mendes（2012）	战略相关型子公司、市场开拓型子公司和实施型子公司

续表

视角	分类维度	学者	子公司角色种类
子公司视角	产品范围、市场范围与增值范围	White & Poynter (1984)	微型复制品型、销售卫星型、合理化制造商型、产品专家型以及战略独立型
	当地环境的战略重要性和当地组织的能力	Bartlet & Ghoshal (1986)	战略领导者、贡献者、黑洞和执行者
		Rabbiosi (2011)	实施者、贡献者和创造者
	当地子公司与跨国公司母公司和其他子公司之间知识的流入与流出	Gupta & Govindarajan (1991)	全球创新者、整合者、实施者和地区创新者
	是否在中国市场生产和子公司是否在中国当地销售	赵景华 (2001)	生产基地型、市场开拓型、资源获取型和销售利润型
	子公司活动的范围和子公司竞争能力水平	Benito, Grogaard & Narula (2003)	微型复制组织、高度专业化组织、战略中枢、单一活动组织和多元活动组织
		曾国军 (2005)	高度专业化组织、战略中枢、单一活动组织、微型复制组织
	市场范围和价值链活动附加值范围	Hogenbirk & van Kranenburg (2006)	当地卫星型、微型复制型、出口平台型和区域/全球托管型
	子公司与母公司之间知识与人员的流动	Vereecke, van Dierdonck & De Meyer (2006)	独立工厂、接收者、作战型网络参与者、积极型网络参与者
	公司与内部网络组织和外部网络组织的资源交易密度	杨桂菊 (2006)	生产基地型子公司、运营中心型子公司和当地生根型子公司
	当地环境重要性、跨国公司母公司对子公司的控制程度和子公司自身能力	任声策、陈力、沈伦钧和宣国良 (2009)	起步者、淘汰者、办事员、支持者、小诸侯、贡献者、直辖领袖和自由领袖
	市场范围和价值链活动附加值范围	Manolopoulos (2010)	当地服务型、高级复制型、区域运营型、区域枢纽型、全球专家型和全球产品授权型
	中国的战略重要性以及在华研发机构的资源和能力水平	徐笑君和刘海波 (2011)	短版型研发机构、附属型研发机构、自发贡献型研发机构、区域/全球中心型研发机构
	子公司资源和主动性	Cavanagh & Freeman (2012)	实施者、当地改革者、专业化贡献者和优势中心

资料来源：笔者根据相关资料整理。

2.1.1 跨国公司海外子公司的角色分类

2.1.1.1 母公司视角

以母公司视角的子公司角色分类研究中，母公司指派对子公司角色定位产生很大的影响，子公司按照跨国公司的总体战略在跨国公司中拥有一定的地位。这一视角的学者们主要是基于母子公司关系理论和国际直接投资理论对跨国公司海外子公司角色进行划分。

1. *母子公司关系理论*

一体化—当地化是跨国公司战略管理最基本的分析框架（Meyer & Estrin, 2014）①。Jarillo 和 Martinez（1990）② 根据一体化和当地化程度 2 个维度，将子公司角色分为自治型子公司、接受型子公司和积极型子公司三种类型：其中自治型子公司当地化程度高、一体化程度低，即大部分价值链活动都是相对独立于母公司；接受型子公司的当地化程度低、一体化程度高，即大部分价值链活动都与母公司及其他子公司高度相关；积极型子公司一体化和当地化程度都较高，即价值链大部分活动都基于当地，同时与组织其他部分的协调程度较高。Taggart（1997a）③ 对 Jarillo 和 Martinez（1990）的分类模型进行扩展，证明了一体化和当地化程度均较低的区域对应的子公司角色类型的存在，即沉默型子公司，填补了先前研究中的空白。最终他们基于一体化—当地化 2 个维度，将跨国公司子公司分为接受型子公司、沉默型子公司、受约束的独立型子公司和自治型子公司四种类型。其中，沉默型子公司与母公司及其他子公司的联系较弱，缺乏知识创造的能力，顾客需求易于识别，技术能力稳定并严格符合学习曲线；其他 3 种子公司类型角色特点与 Jarillo 和 Martinez（1990）的分类相似。

---

① Meyer K E, Estrin S. Local context and global strategy: Extending the integration responsiveness framework to subsidiary strategy [J]. *Global Strategy Journal*, 2014, 4 (1): 1-19.

② Jarillo J C, Martíanez J I. Different roles for subsidiaries: the case of multinational corporations in Spain [J]. *Strategic Management Journal*, 1990, 11 (7): 501-512.

③ Taggart J H. An evaluation of the integration-responsiveness framework: MNC manufacturing subsidiaries in the UK [J]. MIR: *Management International Review*, 1997a: 295-318.

子公司自治权和程序正义2个维度也是衡量母子公司关系的重要标准，Taggart（1997b）①根据这2个维度将子公司角色分为伙伴型子公司、合作型子公司、附属型子公司以及好战型子公司4种类型：伙伴型子公司具有较高的自治权和程序正义，即与母公司维持最佳的关系并且自治性高，是最为理想的子公司类型；合作型子公司程序正义程度高、自治程度低，具有更高的协调性与调整性；附属型子公司程度正义与自治程度均较低，在极端的情况下，与母公司之间的关系类似于主仆关系，是最不理想的子公司角色类型；好战型子公司程序正义程度低、自治程度高，代表了一种较为困难的战略类型，母公司与子公司的决策冲突较为尖锐。

基于知识的跨国公司母子公司关系研究是跨国公司治理理论的新趋势，也是跨国公司母子公司关系研究的重要方面（丛聪等，2010）②。Solberg（2000）③从营销的角度出发，基于母公司对当地市场知识的认知程度和子公司的营销决策权2个维度将子公司分为当地贵族型、联邦型、内战型和同盟型子公司4种类型：当地贵族型子公司的母公司对于当地市场知识了解较少，当地子公司对于营销具有高度的自治权，母公司对于营销决策的制定权较小；联邦型子公司所在的跨国公司组织是由一定规则组成的各个独立的子公司的总和，可以看作是当地贵族型子公司的一种延伸，联邦型子公司营销自治权高，同时母公司对于当地市场知识也有较高的了解，在当地的营销决策中也具有不可忽视的作用，同时长期来看母公司在这种组织形势下更多是起到了协调者的作用；内战型子公司对于当地营销决策的自主权较低，而母公司对于当地市场知识了解较少，并且推行全球标准化营销策略，容易造成当地子公司与母公司之间的冲突；同盟型子公司同样拥有较低的营销自主权，但是母公司对于当地市场知识了解较为深入，可以看作是联邦型的延伸，不同的是母公司具有更高的决策权。

---

① Taggart J H. Autonomy and procedural justice: a framework for evaluating subsidiary strategy [J]. *Journal of International Business Studies*, 1997b: 51-76.

② 丛聪，徐枞巍. 跨国公司母子公司关系研究——基于知识的视角 [J]. 科研管理，2010 (5): 172-177.

③ Solberg C A. Standardization or adaptation of the international marketing mix: the role of the local subsidiary/ representative [J]. *Journal of International Marketing*, 2000, 8 (1): 78-98.

de Miranda 和 Mendes（2012）① 通过对以往研究的归纳和分析，总结出6个影响子公司战略角色的因素，即知识流动、公司定位、公司能力、能力范围、商务网络和进入战略，然后以巴西的跨国公司为例，通过因子分析得出子公司战略角色决定因素为知识创造和范围、母子公司关系和对母公司知识的依赖，相对应地定义了3种子公司类型：战略相关型子公司、市场开拓型子公司和实施型子公司：战略相关型子公司在商务网络中的地位重要并且积极地为母公司创造知识，同时这一类的子公司对母公司所持有的知识也有一定的依赖性；市场开拓型子公司对母公司的知识依赖较小，也不负责知识创造，它们的主要职能是维持经营并且渗透到当地市场，在商务网络中起信息传递者的作用；实施者型子公司不创造知识，但是对母公司的知识依赖程度高，它们的主要任务是实施母公司的战略决策。

2. 国际直接投资理论

Eckert 和 Rossmeissl（2007）② 依据 Dunning（1993）提出的 FDI 的不同动机，将跨国公司子公司分为寻求效率、寻求市场、寻求资源和寻求战略资产 4 种类型。其中，寻求市场型子公司又分为缩短物理距离与缩短心理距离 2 种类型：缩短物理距离型子公司可以有效地降低公司的运输成本，并且在某些特定的行业中可以缩短物理距离提高公司的服务水平，缩短心理距离型子公司的目的在于理解文化的多样性、努力减小文化距离对公司经营活动造成的影响；寻求战略资产型子公司又分为寻求特殊资源和寻求特殊能力 2 种类型：特殊资源包括实际知识、技术、专利或品牌名称；特殊能力包括管理系统、过程和组织结构。

2.1.1.2 子公司视角

在该视角中子公司作为跨国公司网络中的一个行为主体，有必要从自

---

① de Miranda Oliveira M, Mendes Borini F. The role of subsidiaries from emerging economies—A survey involving the largest Brazilian multinationals [J]. *Thunderbird International Business Review*, 2012, 54 (3): 361-371

② Eckert S, Rossmeissl F. Local heroes, regional champions or global mandates? Empirical evidence on the dynamics of German MNC subsidiary roles in Central Europe [J]. *Journal of East-West Business*, 2007, 13 (2-3): 191-218.

己的视角采取自身的战略主动性。这一视角的学者们主要从子公司价值链活动、东道国环境战略重要性、子公司知识流动以及综合的观点 4 个方面对子公司角色分类进行研究。

1. 子公司价值链活动

Benito, Grogaard 和 Narula (2003)① 利用子公司活动的范围和子公司竞争能力水平两个维度将跨国公司子公司战略角色分为微型复制组织、高度专业化组织、战略中枢、单一活动组织和多元活动组织 5 种类型：微型复制组织型子公司活动范围广，但是公司能力水平较低，这一类型的子公司可以看作母公司的微型复制品，通常为实现价值链某一活动规模报酬或范围经济而存在；高度专业化组织型子公司与其相反，具有较高的能力水平和较低的活动范围，这类子公司为跨国公司其他组织提供所需的知识和能力，通常为研发中心；战略中枢型子公司的能力水平和活动范围均较高，该类子公司通常为区域经济一体化后重新定位为区域中心的子公司，综合了核心能力与各项活动；单一活动组织型子公司的活动范围和能力均较低，一般都是承载着某一特定价值链活动的子公司；而多元活动组织型子公司具有中等的能力水平和活动范围，一般为同时肩负两项及两项以上价值链活动的子公司。

Hogenbirk 和 van Kranenburg (2006)② 研究了小经济体中的子公司角色类型，采用了与 White 和 Poynter (1984)③ 类似的方法，基于市场范围和价值链活动附加值范围两个维度分析子公司的战略角色，将子公司分为当地卫星型、微型复制型、出口平台型和区域/全球托管型 4 种类型：当地卫星型子公司价值链活动附加值低，市场范围为当地市场，这种类型的子公司对跨国公司的贡献较小，且容易被其他地区的子公司替代；微型复制

① Benito G R G, Grøgaard B, Narula R. Environmental influences on MNE subsidiary roles: economic integration and the Nordic countries [J]. *Journal of International Business Studies*, 2003, 34 (5): 443-456.

② Hogenbirk A E, Van Kranenburg H L. Roles of foreign owned subsidiaries in a small economy [J]. *International Business Review*, 2006, 15 (1): 53-67.

③ White R E, Poynter T A. Strategies for foreign-owned subsidiaries in Canada [J]. *Business quarterly*, 1984, 49 (2): 59-69.

型子公司所从事的价值链活动附加值较高，市场范围为当地市场，这一类型的子公司将已经在其他市场获得成功的商品销售到当地市场中；出口平台型子公司价值链活动附加值低，市场范围为国外市场，这一类型的子公司通过从事某一产品甚至是某一产品部分的生产以获取规模报酬等经济效益，随着贸易壁垒的降低，这一类型的子公司逐渐增多；区域/全球托管型子公司价值链活动附加值高且市场范围为国外市场，这一类型的子公司通常获得母公司的授权来进行新商品的研发和生产并且肩负着提高企业未来竞争的责任。但是没有讨论子公司角色与当地环境直接的关系。

Manolopoulos（2010）① 基于市场范围和价值链活动附加值范围2个维度，将跨国公司子公司的角色分为6种类型，即当地服务型、高级复制型、区域运营型、区域枢纽型、全球专家型和全球产品授权型：当地服务型子公司价值链活动附加值较低、市场范围为当地，这类子公司主要为进口替代单元，并不从事对跨国公司其他组织产生价值的活动；高级复制型子公司市场范围仍为当地，但是所从事的价值链活动附加值较高，这一类子公司通常将母公司的某些生产线直接移植到当地市场中，并且能够利用更高级的技术能力；区域运营型子公司的市场范围为区域市场、所从事的价值链活动附加值低，随着贸易壁垒的降低以及顾客需求的同质化增强，为了追求规模效益，这一类子公司定位于重要的市场然后通过出口将产品覆盖于区域市场内，但此类子公司通常都是生产销售跨国公司本身的产品，即标准化商品，对产品的创新贡献较少；而区域枢纽型子公司在面对区域市场的基础上从事更高附加值的价值链活动，即对产品的创新以及知识创造具有重要作用；全球专家型子公司市场范围为全球、从事的价值链活动附加值低，与区域运营型子公司的区别在于面对更广阔的市场且从事的产品范围更为狭窄；全球产品授权型子公司面对全球市场、且从事的价值链活动附加值高，这类子公司对新产品的研发和销售具有重要作用，并且为企业的未来发展提供管理与技术支持。

---

① Manolopoulos D. Roles of foreign-owned subsidiaries in a European peripheral economy [J]. *Management Research Review*, 2010, 33 (8): 840-859.

2. 东道国环境战略重要性

Bartlett和Ghoshal（1986）① 基于当地环境的战略重要性和当地组织的能力2个维度将跨国公司子公司角色分为4类，即战略领导者、贡献者、黑洞和执行者：战略领导者型子公司自身具有核心能力，并且东道国市场对跨国公司而言具有重要的战略意义，它们的任务是对东道国市场出现的变化作出及时响应，利用机会，避免威胁，进而稳固公司的发展；贡献者型子公司自身能力较高但是所在地的战略意义较低，它们的任务是尽可能地为母公司以及其他子公司的发展创造利益；黑洞型子公司是指地处的市场战略地位重要，但是由于自身不具备充足的核心能力与资源，无法对整个跨国公司的发展做出贡献，这一类型的子公司的任务是稳固自身发展并逐步向东道国市场渗透；执行者型子公司指地处的市场地位以及自身的资源和能力都较低的子公司，它们的任务是配合母公司的生产经营需要。Rabbiosi（2011）② 在研究子公司角色与逆向知识转移的关系时，将Bartlett和Ghoshal（1986）的分类应用到子公司的分类中，将子公司角色分为实施者型子公司、贡献者型子公司和创造者型子公司3种。

Rugman，Verbeke和Yuan（2011）③ 基于供应链视角对Bartlett和Ghoshal（1984）关于子公司分类的模型进行了重新定义，他们认为跨国公司子公司在不同的价值链活动中具有的角色可能是不同的。进而他们将供应链的活动分为研发、生产、营销和管理4类，而每一类活动分别对应了战略领导者、贡献者、黑洞和执行者中的一种或几种角色，并提出了空白角色模块，即子公司对该价值链活动无影响。

---

① Ghoshal S, Bartlett C. Tap your subsidiaries for global reach [J]. *Harvard Business Review*, 1986, 64 (6): 87-94.

② Rabbiosi L. Subsidiary roles and reverse knowledge transfer: An investigation of the effects of coordination mechanisms [J]. *Journal of International Management*, 2011, 17 (2): 97-113.

③ Rugman A, Verbeke A, Yuan W. Re-conceptualizing Bartlett and Ghoshal's Classification of National Subsidiary Roles in the Multinational Enterprise [J]. *Journal of Management studies*, 2011, 48 (2): 253-277.

3. 子公司知识流动

Gupta 和 Govindarajan（1991）① 基于知识流动的视角，通过当地子公司与跨国公司母公司和其他子公司之间知识的流入与流出 2 个维度，将子公司战略类型分为 4 种，即全球创新者、整合者、实施者和地区创新者：在全球创新者角色中，子公司被定义为其他组织的知识来源，即由当地子公司向跨国公司其他组织流出的知识比例高，而由跨国公司其他组织流向跨国当地子公司的知识比例低；整合者的角色特点与全球创新者类似，都是跨国公司重要知识的创造者和转移者，但是角色类型为整合者的当地子公司自身创造的知识并不能满足其经营需要，由跨国公司其他组织向其转移的知识比例同样较高；实施者的特点是自身的知识创造能力不足，由跨国公司其他组织向当地子公司转移的知识比例高，而当地子公司向跨国公司其他组织转移的知识比例较低；当地创新者即子公司对于自身在当地经营活动所需的知识创造完全可以自给自足，但是这种知识当地化程度高，难以应用到跨国公司其他组织中，而其他组织的知识同样也难以应用到当地子公司中，所以知识转移的流入和流出比例都很低。

Wang，Liu 和 Li（2009）② 扩展了 Gupta 和 Govindarajan（1991）③ 的研究，基于子公司与跨国公司其他组织的内部交互和子公司与东道国环境的外部交互 2 个维度，提出了一个子公司双重角色分类模型，即基于子公司与跨国公司其他组织之间的交互程度可以将子公司分为内部实施者、内部接受者、内部贡献者和内部局外者 4 种类型；而基于子公司与当地环境之间的交互程度可将子公司分为外部实施者、外部贡献者、外部接受者和外部局外者 4 种类型。其中，内部实施者型子公司与跨国公司其他组织的互动程度高，它在为整个跨国公司进行知识创造和转移的同时也从跨国公

---

① Gupta A K, Govindarajan V. Knowledge flows and the structure of control within multinational corporations [J]. *Academy of Management Review*, 1991, 16 (4): 768-792.

② Wang J, Liu X, Li X. A dual-role typology of multinational subsidiaries [J]. *International Business Review*, 2009, 18 (6): 578-591.

③ Gupta A K, Govindarajan V. Knowledge flows and the structure of control within multinational corporations [J]. *Academy of Management Review*, 1991, 16 (4): 768-792.

司其他组织获取知识；内部接受者型子公司从跨国公司其他组织获取的知识较多而为跨国公司其他组织提供的知识较少，它获取的知识仅有利于子公司自身的发展，对于跨国公司其他组织没有贡献；内部贡献型子公司正好相反，它为跨国公司其他组织提供了支持与技术，但是从其他组织获取的知识却很有限；内部局外者型子公司对于跨国公司其他组织知识的流出和流入均较少，这种类型的子公司独立于跨国公司的其他组织，难以从其他组织获取有益的知识同时也对其他组织没有贡献。外部分类模型中的角色类型对应 Gupta 和 Govindarajan（1991）的分类理论。

Vereecke，Van Dierdonck 和 De Meyer（2006）① 提出了跨国公司全球生产工厂的分类模型，基于工厂与跨国公司母公司之间的知识与人员流动，将工厂分为独立工厂、接收者、作战型网络参与者、积极型网络参与者4种类型：独立型工厂交流的集中度较低，即知识与人员的流动都较少，这一类的工厂相对较新、市场范围单一、自主程度较低、管理投入程度较高；接受者型子公司交流集中度也较低，其中创新的引入次数中等，而创新的输出次数以及人员的流动均较低，这一类型的工厂相对较新、市场范围较广、管理投入相对较低、能力相对较低；作战型网络参与者型子公司交流集中度中等，即创新的流入与流出次数中等，人流的流入较多而流出中等，这一类的工厂相对较老，市场范围广，管理投入相对较低；积极型网络参与者型子公司交流集中度较高，即创新的流入流出次数多，人员的流入中等而流出较高，这一类的工厂战略自主性较强，过程投入相对较高。但是没有考虑工厂与当地市场之间的知识流动。

4. 综合的观点

Birkinshaw 和 Morrison（1995）② 在研究子公司战略角色与结构的关系中，根据以往的研究（White & Poynter，1984；D' Cruz，1986；Bartlett & Ghoshal，1986；Jarillo & Martiez，1990；Gupta & Govindarajan，1991；Roth &

① Vereecke A，Van Dierdonck R，De Meyer A. A typology of plants in global manufacturing networks [J]. *Management Science*，2006，52（11）：1737-1750.

② Birkinshaw J M，Morrison A J. Configurations of strategy and structure in subsidiaries of multinational corporations [J]. *Journal of International Business Studies*，1995：729-753.

Morrison, 1992)，对子公司角色进行了综合和重新划分，总结出3种子公司角色类型，即当地实施者、专业化贡献者和世界委托者；当地实施者型子公司地理范围有限，并且一体化程度较高；专业化贡献者型子公司在某一特定职能或活动中具有相当的专业性，这种类型的子公司通常只进行某一小部分的价值链活动，并且相对独立于跨国公司的其他组织；世界委托者型子公司掌管全球或者某一区域的全部经营活动，行动全球化，但是由子公司独自管理。这种分类方式只是对几位学者的分类理论中具有共性的子公司角色类型进行归纳总结，忽略了一些具有特性的角色类型。

Enright 和 Subramanian (2007)① 根据以往学者的研究，提出了一个两阶段分类模型，首先将子公司按照能力创造和能力利用2个维度分成领导者、创新者、实施者和观察者4种类型：领导者型子公司具有较高的知识创造能力与知识利用能力；创新者型子公司知识创造能力较强，但是知识利用能力较弱，难以利用自身的知识和能力完成企业目标；实施者型子公司自身的知识创造能力低，但是知识利用能力较高，能够利用跨国公司其他组织的知识与能力完成生产、销售等经营活动；观察者型子公司知识创造和知识利用能力都较弱。然后，笔者又按照生产和地理2个维度将这4种类型进一步细分成24种子公司类型。其中，领导者对应全球领导、区域领导、当地领导、全球专业化领导、区域专业化领导和当地专业化领导6种类型；创新者对应全球创新者、区域创新者、当地创新者、全球专业化创新者、区域专业化创新者和当地专业化创新者6种类型；实施者对应全球实施者、区域实施者、当地实施者、全球专业化实施者、区域专业化实施者和当地专业化实施者6种类型；观察者对应全球观察者、区域观察者、当地观察者、全球专业化观察者、区域专业化观察者和当地专业化观察者。

Cavanagh 和 Freeman (2012)② 基于子公司资源和主动性两方面，通

① Enright M J, Subramanian V. An organizing framework for MNC subsidiary typologies [J]. *Management International Review*, 2007, 47 (6): 895-924.

② Cavanagh A, Freeman S. The development of subsidiary roles in the motor vehicle manufacturing industry [J]. *International Business Review*, 2012, 21 (4): 602-617.

过对机动车行业的案例分析，提出了一个子公司角色的动态分类模型。他们通过对以往研究的回顾与总结，选取了 4 种子公司的角色类型，即实施者（Gupta & Govindarajan，1991）、当地改革者（Gupta & Govindarajan，1991）、专业化贡献者（Birkinshaw 和 Morrison，1995）和优势中心（Anderson & Forsgren，2000；Frost et al.，2002；Holm & Pedersen，2000；Roth & Morrison，1992）应用到研究中，其中，实施者型子公司代表很少或几乎没有资源发展的子公司，这种类型的子公司只进行能力利用；当地改革者型子公司代表进行程度相对较小的资源发展的子公司，这种类型的子公司超出了简单的能力利用，准备开始进行能力创造；专业化贡献者型子公司在某些特定的价值活动中具有专业化资源的子公司；优势中心型子公司最初用于描述对于主要价值活动具有跨国公司其他组织可以依靠的专业知识的子公司，在这个研究中用于描述在广泛的价值活动或职能中具有专业资源的子公司。并且，随着子公司资源的发展以及主动性的变化，子公司的角色也会发生改变，单一子公司也存在同时具备两种角色的可能。

2.1.2 跨国公司在华子公司的角色分类

2.1.2.1 母公司视角

从母公司视角出发的跨国公司在华子公司分类研究主要是基于跨国公司国际直接投资理论。其中，毛蕴诗（2001）① 将跨国公司对外投资的目标分为寻求高额利润、寻求满意的利润、寻求生存、寻求市场、寻求增长与扩展、寻求分散风险、寻求资源优势 8 种类型，相应地按照子公司战略动机可以将子公司类型分为寻求利润型子公司、寻求生存型子公司、寻求市场型子公司、寻求增长与发展型子公司、分散风险型子公司和寻求资源要素型子公司。其中，寻求市场型子公司体现为对市场份额的追求，也有销售收入最大化的目标或者是一定利润水平的销售收入最大化的目标；寻求资源要素型子公司在早期表现为对原材料的占有，近期则更多强调寻求低价格的生产要素以获取低成本优势。

---

① 毛蕴诗．跨国公司战略竞争和国际直接投资［M］．广州：中山大学出版社．2001.

Kim, Rhee 和 Oh （2011）[①] 基于区位优势和区位战略目的 2 个维度，通过案例分析将跨国公司在华汽车零部件供应子公司分为 6 种类型，即离岸型、来源型、跟随型、领导型、服务型和贡献型：离岸型子公司的区位优势较低，区位战略目的为获取低成本的生产；来源型子公司在获取低成本生产优势的同时有能力为跨国公司研发和生产新产品；跟随型子公司区位优势低，主要目标为获取技术和知识；领导型子公司在获取技术和知识的同时具有较高的区位优势；服务型子公司区位优势低，主要目标为接近市场为特定市场生产产品；贡献型子公司目标为接近市场并且区位优势较高，这类子公司为当地市场服务并且肩负着产品的研发和定制化的任务。

2.1.2.2 子公司视角

基于子公司视角研究跨国公司在华子公司角色分类的学者们主要从子公司价值链活动、东道国环境战略重要性和子公司知识流动 3 个方面对子公司角色分类进行研究。

1. 子公司价值链活动

赵景华 （2001）[②] 按照子公司是否在中国市场生产和子公司是否在中国当地销售 2 个维度将跨国公司在华子公司分为生产基地型、市场开拓型、资源获取型和销售利润型 4 种类型：生产基地型子公司仅仅在中国当地组织生产但是不在当地市场销售；市场开拓型子公司同时在中国当地组织生产和销售；资源获取型子公司不在中国当地组织生产和销售；销售利润型子公司不在中国当地组织生产，但是产品在中国当地销售。

曾国军 （2005）[③] 在对跨国公司在华子公司角色演变研究中，对 Benito, Grogaard 和 Narula （2003） 的子公司分类模型进行了改进，基于子公司活动范围和竞争能力 2 个维度，将跨国公司在华子公司分为高度专业

---

① Kim K T, Rhee S K, Oh J. The strategic role evolution of foreign automotive parts subsidiaries in China: A case study from the perspective of capabilities evolution [J]. *International Journal of Operations & Production Management*, 2011, 31 (1): 31-55.

② 赵景华．跨国公司在华子公司成长与发展的战略角色及演变趋势 [J]．中国工业经济，2001，12：61-66.

③ 曾国军．跨国公司在华子公司战略角色演变——以业务范围和竞争能力为框架 [J]．南开管理评论，2005，8 (4)：67-72.

化组织、战略中枢、单一活动组织、微型复制组织 4 种类型。

2. 东道国环境战略重要性

任声策、陈力、沈伦钧和宣国良（2009）① 根据当地环境重要性、跨国公司母公司对子公司的控制程度和子公司自身能力 3 个维度将跨国公司在华子公司分为 8 种类型：起步者、淘汰者、办事员、支持者、小诸侯、贡献者、直辖领袖和自由领袖：起步者型子公司和淘汰者型子公司自身能力、母公司对子公司的控制和当地环境的重要性均较弱，区别是对于起步者型子公司而言，当地环境在长期对于跨国公司发展有重要的战略作用，而淘汰者型子公司所在当地环境已经没有战略意义；办事员型子公司当地环境重要性和子公司能力较弱，而母公司对子公司控制较强，在这种情况下，母公司通常对当地市场的某一特性或者是子公司的某一能力较为重视；支持者型子公司当地环境重要性和母公司对子公司的控制较强、子公司自身能力较弱，这一类型的子公司通常用于占领当地市场；小诸侯型子公司当地环境重要性和母公司对子公司的控制较弱而子公司能力较强，属于母公司的现金牛型公司；贡献型子公司当地环境重要性较弱、子公司能力和母公司对子公司控制较强，这一类子公司的营业收入较高，但是母公司对于该子公司的管理不满意，需要更多介入；直辖领袖型子公司当地市场重要性、子公司自身能力以及母公司对子公司的控制都很强，而自由领袖型子公司与其相比，母公司对子公司的控制较弱，对子公司自身的经营和发展拥有更多的自主权。

徐笑君和刘海波（2011）② 根据中国的战略重要性以及在华研发机构的资源和能力水平 2 个维度将跨国公司在华研发机构的角色分为 4 种：短板型研发机构、附属型研发机构、自发贡献型研发机构、区域/全球中心型研发机构。附属型研发机构中国战略重要性以及在华研发机构的资源和能力水平均较低，主要是转移母公司的研发成果或者进行一些辅助性研发

① 任声策，陈力，沈伦钧，宣国良．跨国公司在华子公司角色演化：理论及案例分析［J］．南开管理评论，2009，12（6）：143-149.

② 徐笑君，刘海波．跨国公司在华研发机构角色演变模式和路径研究［J］．研究发展与管理，2011，23（2）：76-84.

活动，属于最低级的研发机构；短板型研发机构很重视中国市场的战略地位，但是自身的资源和能力水平有限，无法对中国市场的创新需求进行有效回应；自发贡献型研发机构在华研发的资源和能力较高，但是对中国地区的战略地位重视不足，主要开发供跨国公司在区域市场甚至全球市场使用的产品和技术；区域全球中心型研发机构对中国的战略重要性极为重视并且自身资源和能力较高，不仅能满足中国地区的研发需要，也能为跨国公司本身提供长期性的技术支持。

3. 子公司知识流动

杨桂菊（2006）① 基于网络的角度，根据子公司与内部网络组织和外部网络组织的资源交易密度，将子公司分为生产基地型子公司、运营中心型子公司和当地生根型子公司 3 种类型：生产基地型子公司与内部网络组织的资源交易密度较高而与外部网络组织的资源交易密度较低；运营中心型子公司与内部和外部网络组织的资源交易密度均较高；当地生根型子公司与内部网络组织的资源交易密度较低而与外部网络组织的资源交易密度较高。

2.2 跨国公司子公司角色演化路径

2.2.1 国外学者的相关研究成果

Birkinshaw 和 Hood（1998）② 基于能力和特许 2 个维度，提出了跨国公司子公司角色演化的 5 种模式：母公司驱动投资模式（PDI）、子公司驱动的特许扩展模式（SDE）、子公司驱动的特许增强模式（SDR）、母公司驱动的撤资（PDD）和子公司忽略导致的衰退（ASN）。PDI 模式是指母公司评估不同的投资地区并进行投资决策后，子公司特许的增加以及子公司自身能力得到进一步发展；SDE 模式是指子公司识别新的机会，组建相应

① 杨桂菊．跨国公司子公司角色机制理论模型——子公司网络资本的分析视角［J］．世界经济研究，2006，11：16-21.

② Birkinshaw J，Hood N. Multinational subsidiary evolution：Capability and charter change in foreign-owned subsidiary companies［J］. *Academy of Management Review*，1998，23（4）：773-795.

的能力以及向母公司提出建议，母公司对子公司的建议进行评估，结果是子公司特许的增加；SDR 模式是指子公司进行竞争驱动的调研并升级自身现有的能力，结果是子公司现有特许的加强；PDD 模式是指母公司评估不同的投资地区并进行撤资决策后，子公司特许的减少或减弱以及自身能力的萎缩，这一模式与 PDI 正好相反；ASN 模式是指子公司活动迟钝并且自身能力萎缩，母公司对子公司缺乏竞争力这一情况进行评估，结果是子公司特许的减少或者减弱。

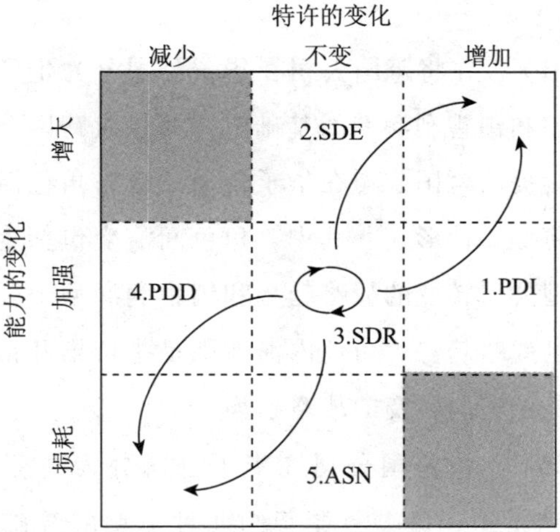

图 2.1 Birkinshaw 和 Hood 的子公司角色演化路径

Filippov 和 Duysters（2012）[①] 基于 White 和 Poynter（1984）的子公司角色分类理论，提出了跨国公司在欧盟子公司的角色演化路径，并且，通过对在欧盟子公司 2003 年和 2008 年两个时点的角色类型进行调研分析发现，多数子公司的角色并没有发生改变，并且子公司的角色并不是呈线性变化，有的子公司从微型复制品型变为销售卫星型又进一步演化成为战略独立型子公司。

① Filippov S, Duysters G. Evolving subsidiary roles and regional economic integration in Europe [J]. *Transformations in Business & Economics*, 2012, 11 (1): 35-53.

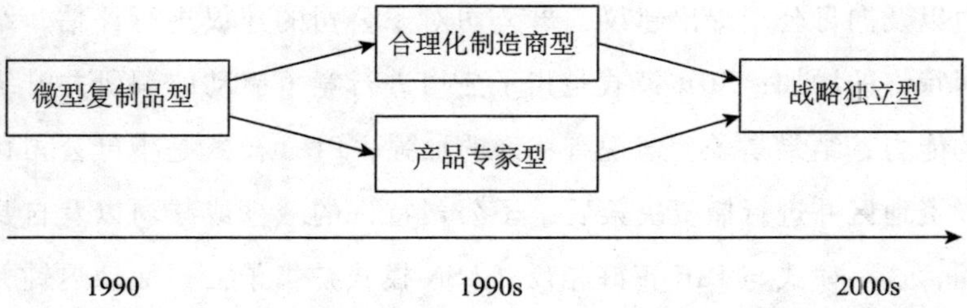

图 2.2　Filippov 和 Duysters 的子公司角色演化路径

2.2.2　国内学者的相关研究成果

赵景华（2001）① 在将跨国公司在华子公司分为生产基地型、市场开拓型、资源获取型和销售利润型的基础上，通过对跨国公司在华子公司当期角色类型的分析提出跨国公司在华子公司的战略角色演变可以分为角色间演变和角色内演变 2 种形式。其中，角色间演变包括生产基地型子公司存在向市场开拓型公司转变的战略趋势和销售利润型子公司存在向市场开拓型子公司转变的战略趋势；角色内演变则是指市场开拓型子公司存在由开拓中国市场向寻求利润转变的战略趋势。

曾国军（2005）② 将跨国公司在华子公司分为高度专业化组织、战略中枢、单一活动组织、微型复制组织 4 种类型的基础上，提出这 4 种子公司角色类型按单一活动组织、微型复制组织、战略种树和高度专业化组织的顺序由低级向高级排列，并且整理归纳出 4 类不同的演变路径，即稳定型演变、成长型演变、退化型演变和波动型演变：稳定型演变是指子公司的角色类型没有发生变化、成长型演变是指子公司角色类型由低级向高级演变、退化型演变是指子公司角色类型由高级向低级演变、波动型演变则是指子公司角色类型在高级与低级之间波动演变。随后他通过调查 99 家跨国公司在华子公司在三年前、当期和三年后这 3 个时点下的角色类型，发现跨国公司在华子公司中稳定型和成长型演变路径的

---

① 赵景华．跨国公司在华子公司成长与发展的战略角色及演变趋势［J］．中国工业经济，2001，12：61-66.

② 曾国军．跨国公司在华子公司战略角色演变——以业务范围和竞争能力为框架［J］．南开管理评论，2005，8（4）：67-72.

子公司较多，占总数的 37.4%和 41.4%，波动型的占 16.2%，而退化型演变的子公司只占 5.1%。

徐笑君和刘海波（2011）① 在将跨国公司在华研发机构分为短板型、附属型、自发贡献型和区域/全球中心型4种类型的基础上，基于中国环境的战略重要性和在华研发机构的资源与能力水平 2 个维度，提出了跨国公司在华研发机构的 3 种角色演变路径：一是附属型—自发型—区域/全球型；二是附属型—区域/全球中心型；三是附属型—短板型—区域/全球中心型。随后，笔者通过微软、SP、雀巢、LG 和通用汽车 5 个案例分析，验证了跨国公司在华研发机构的角色演化路径。

2.3 跨国公司子公司角色演化影响机制

2.3.1 传统子公司角色演化影响机制

子公司角色演化主要是由母公司指派、子公司选择和当地环境 3 方面互动决定的（Birkinshaw & Hood, 1998）②。其中，母公司指派是指根据子公司所分配的商业活动由母公司管理者所作的决策；子公司选择是指子公司根据自身所从事的活动所作的决策；当地环境决定是指环境因素对总公司和子公司管理者决策的影响。而这三方面通过影响子公司的能力和特许 2 个方面进而影响了子公司的角色演化。后续的学者们基于 Birkinshaw 和 Hood 的研究，进一步分析了母公司因素、子公司因素以及东道国因素所包含的具体维度。此外，区域经济一体化作为重要的经济现象对子公司角色演化的影响也可以从这 3 个方面加以分析与研究（Benito, Grogaard & Naru-

① 徐笑君，刘海波. 跨国公司在华研发机构角色演变模式和路径研究［J］. 研究发展与管理，2011，23（2）：76-84.

② Birkinshaw J, Hood N. Multinational subsidiary evolution: Capability and charter change in foreign-owned subsidiary companies［J］. *Academy of Management Review*, 1998, 23（4）：773-795.

la，2003；Sergey & Geert，2012）[①][②]。

表 2.2　子公司角色演化影响因素

影响因素分类	影响因素细分	主要学者
母公司因素	母公司战略	Dörrenbäche & Gammelgaard（2006）
子公司因素	子公司能动性	Dörrenbächer & Gammelgaard（2006）；杨桂菊（2006）；任声策、陈力、沈伦钧和宣国良（2009）；Kim，Rhee & Oh（2011）
	子公司的任务	Eckert & Rossmeissl（2007）
	子公司的股权模式	Eckert & Rossmeissl（2007）
	子公司的市场进入方式	Eckert & Rossmeissl（2007）
东道国因素	当地市场优势	Dörrenbächer & Gammelgaard（2006）；Eckert & Rossmeissl（2007）
区域经济一体化	母公司战略、子公司能动性、东道国环境	Filippov & Duysters（2012）

资料来源：笔者根据相关资料整理。

Dörrenbächer 和 Gammelgaard（2006）[③] 基于 White 和 Poynter（1984）的子公司分类标准，分析研究了子公司能力、当地市场优势和母公司战略 3 个因素对子公司角色演化的影响。他们在研究中以产品范围、附加值范围和市场范围是否变化作为衡量子公司角色是否变化的标准，其中，产品范围的增加包括生产线的延伸和新产品的出现；附加值范围的增加主要指子公司开始负责研发；市场范围的增加指向更广阔的目标市场进行销售。随后，通过对匈牙利境内的德国跨国公司子公司的问卷调查，得出：母公司战略最先导致子公司角色的变化并且对产品范围、附加值范围和市场范围 3 个标准的影响非常大；对子公司角色演化有作用的子公司能力主要包

① Benito G R G，Grøgaard B，Narula R. Environmental influences on MNE subsidiary roles：economic integration and the Nordic countries［J］. *Journal of International Business Studies*，2003，34（5）：443-456.

② Filippov S，Duysters G. Evolving subsidiary roles and regional economic integration in Europe［J］. *Transformations in Business & Economics*，2012，11（1）：35-53.

③ Dörrenbächer C，Gammelgaard J. Subsidiary role development：The effect of micro-political headquarters-subsidiary negotiations on the product，market and value-added scope of foreign-owned subsidiaries［J］. *Journal of International Management*，2006，12（3）：266-283.

括生产相关能力、研发相关能力和企业能力，如企业利用新的商业机会的能力；当地市场优势对子公司的角色演化也有影响，但是影响程度不大。

杨桂菊（2006）① 从网络视角对子公司角色演化的动因进行了分析，她认为跨国公司子公司演化的动机为网络利益最大化。所谓网络利益包含网络知识、信息以及控制利益（体现在子公司对网络组织内其他成员的行为具有影响和控制的能力）。不同的子公司角色对应的子公司网络位置不同，从而导致其网络资本有差异、子公司通过网络资本获得网络利益，因而在网络利益最大化动机的驱使下，子公司通过自身的学习、积累资源和能力，从而调整其在网络中的位置，促使其网络位置发生根本性变迁，最终使得子公司角色发生变化。

Eckert 和 Rossmeissl（2007）② 通过对过去文献的回顾，提出影响子公司角色定位与发展的因素主要有 4 个方面：第一，子公司的外部环境；第二，子公司的任务；第三，子公司的所有权形式；第四，子公司的市场进入方式。随后，他们通过对比不同的子公司外部环境、子公司任务、子公司所有权形式以及市场进入方式下子公司所从事的价值链活动的异同得出这 4 个方面对子公司角色定位与演化均有影响。

任声策、陈力、沈伦钧和宣国良（2009）③ 在将跨国公司在华子公司分为起步者、淘汰者、办事员、支持者、小诸侯、贡献者、直辖领袖和自由领袖 8 种类型的基础上，选取 BEC 公司作为案例分析的对象，分析了外部环境因素、母公司控制因素和自身能力因素对 BEC 角色演变的影响，其中，母公司控制因素包括行政因素、人力资源因素、文化因素、技术和知识控制因素；自身能力包括资源获取能力、研发与创新能力、市场能力和内部管理能力。他们认为，随着当地环境的重要性、子公司能力以及母公

① 杨桂菊．跨国公司子公司角色演化机制理论模型——子公司网络资本的分析视角［J］．世界经济研究，2006，11：16-21.

② Eckert S, Rossmeissl F. Local heroes, regional champions or global mandates? Empirical evidence on the dynamics of German MNC subsidiary roles in Central Europe［J］. *Journal of East-West Business*, 2007, 13（2-3）：191-218.

③ 任声策，陈力，沈伦钧，宣国良．跨国公司在华子公司角色演化：理论及案例分析［J］．南开管理评论，2009，12（6）：143-149.

司对子公司控制的不断加强、BEC子公司的角色实现了由办事员向直接领袖的演化。

Kim, Rhee和Oh (2011)① 在研究中提出子公司角色的演进除了受母公司任务分配、子公司的选择以及当地环境3个因素的影响，还受子公司自身能力变化的影响。他们在将跨国公司在华汽车零部件供应子公司分为离岸型、来源型、跟随型、领导型、服务型和贡献型6种类型的基础上，着重分析了子公司自身能力变化对子公司角色的影响。该研究采用案例分析的方法，以北京现代的5个外国供应商在华子公司为研究对象，分两步进行：首先，作者通过半结构访谈的方式，通过对运营、购买、营销、研发4方面的调查来分析出这5个子公司自身能力的变化；第二，作者通过子公司能力变化情况分析子公司角色类型变化的影响。

Filippov和Duysters (2012)② 基于White和Poynter (1984) 的子公司角色分类理论，着重分析了欧洲区域经济一体化对于跨国公司子公司战略角色演进的影响，他们认为，区域经济一体化对子公司角色演进的影响主要是通过总部分配、子公司主动性和东道国环境3方面进行的。通过实证证明，总部分配与子公司主动性对跨国公司子公司角色演化的影响显著，并且东道国环境虽然在统计上对子公司角色演化的影响不如其他两个因素显著，但东道国环境也应当是影响子公司角色演化的重要因素，因为东道国环境对子公司角色演化的影响模式与总部分配以及子公司主动性相同。

2.3.2 跨国公司竞争战略与子公司角色演化

跨国公司竞争战略理论的发展主要经历了竞争优势理论、资源基础理论和核心能力学派3个阶段（黄庆波等，2008）③。其中，竞争优势理论

① Kim K T, Rhee S K, Oh J. The strategic role evolution of foreign automotive parts subsidiaries in China: A case study from the perspective of capabilities evolution [J]. *International Journal of Operations & Production Management*, 2011, 31 (1): 31-55.

② Filippov S, Duysters G. Evolving subsidiary roles and regional economic integration in Europe [J]. *Transformations in Business & Economics*, 2012, 11 (1): 35-53.

③ 黄庆波，冯琳．跨国公司竞争战略［M］．北京：清华大学出版社，2008.

的权威人物是迈克尔·波特，他的理论是以“市场—企业—绩效”的因果关系来制定企业战略的，理论主要包括五力模型与三大战略、价值链理论、产业集群理论和国家竞争优势理论；资源基础理论产生于1984年，这一理论认为，对企业持久竞争优势起作用，进而对竞争力起促进作用的资源称为战略（性）资源；而核心能力学派认为，现代市场竞争与其说是基于产品的竞争，倒不如说是基于核心能力的竞争。企业经营能否成功，已经不再取决于企业的产品、市场的结构，而取决于其行为反应能力，即对市场趋势的预测和对变化中的顾客需求的快速反应。以往学者认为跨国公司竞争战略对子公司能动性、子公司股权和子公司市场进入模式均有影响。

2.3.2.1 跨国公司竞争战略与子公司能动性

能动性是指对外界或内部的刺激或影响作出积极的、有选择的反应或回答。根据以往学者的研究，本书认为子公司能动性包含两个方面，一是随着子公司在东道国经营时间的增长而引起的子公司能力的变化（任声策等，2009；Kim，et al.，2011）①②，二是子公司的自主行为。子公司的自主行为是指由跨国公司海外子公司发起和实施的子公司的前瞻性、自主性和冒险性的活动（Schmid，Dzedek & Lehrer，2014）③，它代表了子公司主动学习和改进的意愿（Filippov & Duysters，2012）④。

传统的能力理论认为企业应当以现有的能力为基础来选择和实施战略，如典型的战略模式设计SWOT分析，即通过分析企业能力，明确自身的优势与劣势，再结合外部环境的机会和威胁制定战略。核心能力学派也

---

① 任声策，陈力，沈伦钧，宣国良．跨国公司在华子公司角色演化：理论及案例分析［J］．南开管理评论，2009，12（6）：143-149.

② Kim K T, Rhee S K, Oh J. The strategic role evolution of foreign automotive parts subsidiaries in China: A case study from the perspective of capabilities evolution [J]. *International Journal of Operations & Production Management*, 2011, 31 (1): 31-55.

③ Schmid S, Dzedek L R, Lehrer M. From Rocking the Boat to Wagging the Dog: A Literature Review of Subsidiary Initiative Research and Integrative Framework [J]. *Journal of International Management*, 2014, 20 (2): 201-218.

④ Filippov S, Duysters G. Evolving subsidiary roles and regional economic integration in Europe [J]. *Transformations in Business & Economics*, 2012, 11 (1): 35-53.

认为子公司的核心能力代表了子公司的竞争优势，因此，核心能力决定了子公司竞争战略的选择。然而，还是有部分学者提出了不同的观点。美籍日本学者伊丹广之（1987）① 通过研究企业的“动态不平衡增长”，提出了动态战略协同的概念，他认为企业自身应适当地“过度扩张”，即企业通过对隐性资源的使用从而获得战略协同效果，实现价值创造，其战略思维在于企业的战略战略应超越企业当前拥有的资源和能力。Prahalad 和 Hamel（1994）② 通过研究一些成功企业提出了战略延伸（Strategic Stretch）的概念，具体而言，成功企业的战略意图通常远远超过它现阶段所拥有的资源和能力，而战略意图与企业的能力、资源之间的缺口即被称为战略延伸。这种战略观认为，企业的资源和能力如果被适当地运用就可以产生杠杆效应，实现更高的战略意图。因此，这种战略观否定了传统的“能力决定战略”的观念，认为企业战略是可以超越能力的。综合上述两种观点，我们可以发现，战略与能力是相互影响相辅相成的，没有一方决定另一方的关系。战略会影响企业的能力，而企业能力又会进一步影响战略的选择和实施。

大量证据表明，子公司会主动随着时间的演进呈现出发展态势，而子公司的发展最直接的贡献就是会提升跨国公司的整体竞争优势（Birkinshaw，1997）③。子公司的自主行为有助于增强子公司自身的技术以及管理能力（Sargent & Matthews，2006；张晓燕，2008；Birkinshaw，1999）④⑤⑥、提高子公司的自主权水平（Raziq，Borini & Perry，2014；Ambos，Andersson &

---

① 安德鲁·坎贝尔，凯瑟琳·萨姆斯·卢克斯．战略协同［M］．任通海，龙大伟译．2000.

② Prahalad C K，Hamel G．Strategy as a field of study：Why search for a new paradigm？［J］．*Strategic Management Journal*，1994，15（S2）：5-16.

③ Birkinshaw J．Entrepreneurship in multinational corporations：The characteristics of subsidiary initiatives［J］．*Strategic Management Journal*，1997，18（3）：207-229.

④ Sargent J，Matthews L．The drivers of evolution/upgrading in Mexico's maquiladoras：How important is subsidiary initiative？［J］．*Journal of World Business*，2006，41（3）：233-246.

⑤ 张晓燕．跨国公司子公司自主性活动研究—从有限理性角度的分析［J］．管理评论，2012，24：26-66.

⑥ Birkinshaw J．The determinants and consequences of subsidiary initiative in multinational corporations［J］．*Entrepreneurship Theory and Practice*，1999，24（1）：9-36.

Birkinshaw, 2010)①②、深化其与母公司以及其他子公司之间的关系（Gupta & Govindarajan, 2000)③、开发特许（Galunic & Eisenhardt, 1996)④，还有助于改善其在跨国公司内部网络中的地位（Phelps & Fuller, 2000)⑤，提高其战略重要性（Delany, 2000)⑥。

2.3.2.2 跨国公司竞争战略与子公司股权模式

子公司股权模式作为跨国公司国际化的一个重要方面，是跨国公司战略的一部分（Merlin, 1992)⑦。Kogut（1991)⑧ 从企业战略的视角对跨国公司子公司的股权模式进行了研究，他认为许多子公司采取合资模式是为了避开特定市场的进入障碍或者削弱竞争对手的地位，获取竞争优势并实现技术和市场的发展。Mjoen 和 Tallman（1997)⑨ 认为跨国公司子公司采取不同的股权模式是出于全球竞争的需要，他们通过研究发现，随着经济全球化的发展，企业的国际竞争日益激烈，其不仅需要面对不断增长的不确定性，还需要满足全球对于产品迅速增长的需求。具体而言，从战略的角度分析，企业面对的不确定性越大，就越要求其更加高效地使用资源并灵活承诺；从组织结构的角度分析，为了实现上述要求，企业可以考虑联

---

① Raziq M M, Borini F M, Perry M. Subsidiary initiatives and subsidiary autonomy: Evidence from New Zealand and Brazil [J]. *International Entrepreneurship and Management Journal*, 2014, 10 (3): 589-605.

② Ambos T C, Andersson U, Birkinshaw J. What are the consequences of initiative-taking in multinational subsidiaries & quest [J]. *Journal of International Business Studies*, 2010, 41 (7): 1099-1118.

③ Gupta A K, Govindarajan V. Knowledge flows within multinational corporations [J]. *Strategic Management Journal*, 2000, 21 (4): 473-496.

④ Galunic D C, Eisenhardt K M. The evolution of intracorporate domains: Divisional charter losses in high-technology, multidivisional corporations [J]. *Organization Science*, 1996, 7 (3): 255-282.

⑤ Phelps N A, Fuller C. Multinationals, Intracorporate Competition, and Regional Development [J]. *Economic Geography*, 2000, 76 (3): 224-243.

⑥ Delany E. Strategic development of the multinational subsidiary through subsidiary initiative-taking [J]. *Long Range Planning*, 2000, 33 (2): 220-244.

⑦ Melin L. Internationalization as a strategy process [J]. *Strategic Management Journal*, 1992, 13 (S2): 99-118.

⑧ Kogut B. Joint ventures and the option to expand and acquire [J]. *Management Science*, 1991, 37 (1): 19-33.

⑨ Mjoen H, Tallman S. Control and performance in international joint ventures [J]. *Organization Science*, 1997, 8 (3): 257-274.

盟的方式，通过组建战略联盟使得企业更好地面对全球的不确定性以及日益增长的需求，使企业能够依靠原有的资产来覆盖更广阔的市场。对于跨国公司而言，在保证各个地区子公司有效经营的基础上实现全球范围的快速反应和调整，同样需要其借助外部资源，如采取合作的形式规避贸易壁垒、获得市场准入以及当地的关系和资源等，即跨国公司可以采取合资的形式来弥补自身在资源和技术等方面存在的不足，进而更好地应对全球竞争。

跨国公司在竞争战略的选择上既可以采取专业化，也可以采取多元化。采取多元化战略的企业大多是为了增强跨国公司整体的竞争优势，从而获得比竞争对手更强的市场影响力。由于国家间的差异，跨国公司在母国经营中积累的优势生产、影响知识转移至东道国时可能缺乏适应性，从而会降低跨国公司在东道国的经营能力（Chen & Hennart，2002）①，因此跨国公司需要获取大量关于东道国的生产技术、营销渠道等信息资源，然而这其中有些可能被东道国的本土企业控制，因此跨国公司获取这些资源最有效的方法就是利用合资的形式，用股权换取所需的知识，进而降低在东道国市场的经营风险。

2.3.2.3 跨国公司竞争战略与子公司市场进入方式

跨国公司子公司市场进入方式的选择对跨国公司全球运营的成功至关重要，子公司的市场进入方式并不是独立的决策，它与跨国公司的竞争战略息息相关（Hill，et al.，1990）②。Yip（1982）③ 通过对在美国经营的59家日本跨国公司进行研究发现，企业实施多元化战略时更倾向于选择收购的市场进入方式。因为采取收购的方式可以使跨国公司迅速获得当地本土企业多年经营所积累的管理知识和渠道经验，从而降低跨国公司的经营壁

---

① Chen S F S，Hennart J F. Japanese investors' choice of joint ventures versus wholly-owned subsidiaries in the US：The role of market barriers and firm capabilities［J］. *Journal of International Business Studies*，2002，33（1）：1-18.

② Hill C W L，Hwang P，Kim W C. An eclectic theory of the choice of international entry mode［J］. *Strategic Management Journal*，1990，11（2）：117-128.

③ Yip G S. Barriers to entry：A corporate perspective［M］. Lexicon，MA：Lexicon Books，1982.

垒和投资风险（Hennar & Park，1993）[①]；并且，实施多元化战略的跨国公司通常拥有较强的管理能力和科学的控制体系，能够有效地完成并购后的整合工作，因此，这一类型的跨国公司通常倾向于选择并购的市场进入方式（Demirbag，2008）[②]。

但是也有部分学者持相反的意见。Chatterjee（1990）[③] 认为采取收购的市场进入方式容易使得跨国公司购买到不想要的资产，因此，如果企业在相关的产业开展多元化、进行国际化经营，就应当采取新建的市场进入方式；并且，跨国公司并购前的信息收集成本较高，因此 Balakrishnan 和 Koza（1993）[④] 以及 Reuer 和 Koza（2000）[⑤] 认为跨国公司在实施多元化对外扩张时应避免采用收购的市场进入方式。

2.4 文献总结与评价

跨国公司子公司角色理论经历了 20 多年的发展，得出了许多很有意义的研究成果，但是以往的研究在以下方面仍不够深入：

（1）子公司角色的划分。跨国公司子公司是跨国公司的重要组成部分，并且在经营管理等方面又与一般企业具有明显的区别，因而跨国公司子公司特征的研究与分析是具有重要意义的。以往关于子公司角色分类的文献虽然很多，但学者们大多都是根据某一方面或者某几个维度对子公司角色进行划分，维度的选取具有片面性，所提出的子公司角色并不能全面地刻画子公司的特性。因此选取适当的维度对子公司角色进行重新地界定

---

① Hennart J F, Park Y R. Greenfield vs. acquisition: The strategy of Japanese investors in the United States [J]. *Management Science*, 1993, 39 (9): 1054-1070.

② Demirbag M, Tatoglu E, Glaister K W. Factors affecting perceptions of the choice between acquisition and greenfield entry: The case of Western FDI in an emerging market [J]. *Management International Review*, 2008, 48 (1): 5-38.

③ Chatterjee S. Excess resources, utilization costs, and mode of entry [J]. *Academy of Management Journal*, 1990, 33 (4): 780-800.

④ Balakrishnan S, Koza M P. Information asymmetry, adverse selection and joint-ventures: Theory and evidence [J]. *Journal of Economic Behavior & Organization*, 1993, 20 (1): 99-117.

⑤ Reuer J J, Koza M P. Asymmetric information and Joint venture performance: Theory and evidence for domestic and international joint ventures [J]. *Strategic Management Journal*, 2000, 21: 81-88.

与分类非常必要。

（2）子公司角色的演化。跨国公司子公司角色的研究不应当仅是现阶段的子公司角色定位，更应包含母公司对于子公司未来发展的预期，是一个动态的持续的过程。而以往大多数的研究都是对子公司角色分类的静态描述，对于子公司角色演化的研究较少。并且，以往对于跨国公司子公司角色演化的影响因素的分析不够深入，大多只分析子公司任务、股权模式、东道国因素等与子公司角色两者之间的关系，对影响机制的分析却比较匮乏。此外，通过文献回顾，本书发现跨国公司竞争战略对子公司角色演化具有影响，但是并没有得到以往学者的重视。因此，基于跨国公司竞争战略视角对子公司角色演化这一领域进行研究，深入分析子公司角色演化的影响机制，对完善子公司角色理论具有重要意义。

（3）研究方法。国内外研究中子公司角色演化的定量研究仍须加强。国外对子公司角色演化影响机制的定量研究方法比较单一，主要是方差分析。国内对于子公司角色演化的研究更是以案例分析等为主，相关的定量分析较少，对实践的指导作用相对较小。因此，加强这一领域的定量研究变得十分必要。

2.5 本章小结

本章从子公司角色分类、演化路径以及演化影响机制 3 方面对子公司角色相关文献进行了梳理。子公司角色分类相关文献主要分为海外子公司的角色分类与在华子公司的角色分类两个方面，并分别从母公司和子公司两个视角进行了回顾。在此基础上，本章整理了国内外学者关于子公司角色演化路径以及演化影响机制的相关文献，并在归纳传统的子公司角色演化影响因素之外，对跨国公司竞争战略理论发展以及跨国公司竞争战略子公司角色演化关系的相关文献进行了整理与回顾。最后，对现有的文献加以总结，通过分析发现，现有的研究成果在子公司角色的划分、角色演化以及研究方法方面还不够深入，进一步对子公司角色演化进行研究具有较强的理论意义与实践意义。

第3章 跨国公司子公司角色演化理论研究

本章基于前人的研究结果，并结合跨国公司基本理论，归纳整理了跨国公司子公司角色分类的维度，子公司角色演化的路径以及影响子公司角色演化的因素，分析了跨国公司竞争战略对子公司角色演化的作用机理，从而进一步提出跨国公司子公司角色分类、跨国公司子公司角色演化路径以及基于跨国公司竞争战略的子公司角色演化影响因素的概念模型。

3.1 跨国公司子公司角色分类维度

跨国公司子公司角色是个复杂的多维度概念，以往学者从不同的维度对子公司角色进行了分类与研究，为本书提出的跨国公司子公司角色维度提供了重要的研究依据。本书基于跨国公司竞争战略理论并结合以往学者的研究，认为跨国公司子公司角色主要包含5个维度，即子公司自主权维度、子公司能力维度、子公司市场维度、子公司价值链活动维度以及子公司知识流动维度。

表3.1 子公司角色分类维度

角色分类维度	主要学者
子公司自主权	Jarillo & Martinez（1990）；Taggart（1997a）；Taggart（1997b）；Solberg（2000）；曾国军（2005）；任声策、陈力、沈伦钧和宣国良（2009）；Lin & Hsieh（2010）；Rabbiosi（2011）
子公司能力	Bartlet & Ghoshal（1986）；Benito，Grogaard & Narula（2003）；曾国军（2005）；任声策、陈力、沈伦钧和宣国良（2009）
子公司目标市场	White & Poynter（1984）；Bartlet & Ghoshal（1986）；曾国军（2005）；Hogenbirk & van Kranenburg（2006）；任声策、陈力、沈伦钧和宣国良（2009）；Kim，Rhee & Oh（2011）；Manolopoulos（2010）

续表

角色分类维度	主要学者
子公司价值链活动	White & Poynter（1984）；赵景华（2001）；Benito，Grogaard & Narula（2003）；Hogenbirk & van Kranenburg（2006）；Manolopoulos（2010）
子公司知识流动	Gupta & Govindarajan（1991）；杨桂菊（2006）；de Miranda & Mendes（2012）

资料来源：笔者根据相关资料整理。

3.1.1 子公司自主权维度

自主权是组织结构的基本元素，它关系到子公司与其母公司关于决策制定权限的分配（Garnier，1982）①。在跨国公司的研究中，子公司自主权被定义为“跨国公司内，母公司给予子公司的决策权限，使其得以有效与弹性地裁决当地事务”。(邢彦玲，2007)②。跨国公司子公司的自主权受多方面因素的影响，以往的研究者主要从总部视角与子公司视角两方面对子公司自主权进行分析（薛求知等，2005）③，即子公司的自主权一方面受到总部指派的影响，另一方面，子公司自身的发展也可能使其经营能力得到不断提高，从而子公司在与母公司的协调与谈判中能够占据更加优势的地位进而使其自主权得到提高。Jarillo & Martinez（1990），Taggart（1997a），曾国军（2005），Lin & Hsieh（2010）以及 Rabbiosi（2011）等学者认为，子公司自主权是子公司角色的重要因素，随着子公司自主权的改变，子公司角色也会发生演化。借鉴以上学者的研究成果，本书选择子公司自主权作为跨国公司子公司角色的维度之一。

3.1.2 子公司能力维度

能力是企业竞争的本质。企业能力理论很早就体现在了经济学家们的

① Garnier G H. Context and decision making autonomy in the foreign affiliates of US multinational corporations [J]. *Academy of Management Journal*, 1982, 25 (4): 893-908.

② 邢彦玲．跨国公司子公司自主权演进的理论研究［J］．东岳论丛，2007，28，1：99-101.

③ 薛求知，侯仕军．海外子公司定位研究：从总部视角到子公司视角［J］．南开管理评论，2005，8，4：60-66.

思想中。亚当·斯密（1776）① 在《国富论》中分析了分工对于劳动生产率的影响，虽然并没有直接提出企业能力理论，但是他的思想已经蕴含了企业能力理论的萌芽。后来，Richardson（1972）② 研究了具有不同能力的企业间如何完成“互补性”活动并通过自身的学习和能力使得企业获得持续的竞争优势，他认为企业能力是企业活动的基础，是企业的知识、经验以及技术的体现。企业能力理论主要包含 4 种观点，即资源基础论、核心能力论、知识基础论以及动态能力论。资源基础论认为企业是资源的集合体，其竞争优势来源于其拥有的战略资源（Barney，1986）③。核心能力论则认为企业的核心能力是如何将不同的生产技能与多种技术技能有机整合的积累性知识（Prahalad & Hamel，1990）④。知识基础论认为企业是一个学习并发展知识的组织，企业能力源于隐形知识的积累、显性知识的明晰化以及知识编码的协同进化（Zollo & Winter，2002）⑤。动态能力理论则认为企业能力总是呈现出一种动态的不均衡状态，即企业的竞争力来源于企业能力，而企业能力则受到了企业在外部经营环境中学习程度的影响，随着企业外部竞争环境和内部企业目标的不断变化，企业能力必须持续不断地学习、培养、开发、运用、维持自己的能力，并且将此过程循环往复（李卫东，2009）⑥。企业能力最终决定了企业的竞争优势和经营绩效，因此企业的边界应当由企业的能力决定。跨国公司子公司是企业能力的集合，子公司角色则是其能力的体现（袁红林，2012）⑦。随着子公司能力的发展将导致子公司角色的改变（Bartlet & Ghoshal，1986；Benito，Grogaard

---

① 亚当·斯密．国富论［M］．西安：陕西人民出版社，2001.

② Richardson G B. The organisation of industry［J］. *The Economic Journal*, 1972：883-896.

③ Barney J B. Strategic factor markets：Expectations，luck，and business strategy［J］. *Management Science*, 1986, 32（10）：1231-1241.

④ Prahalad C K，Hamel G. The core competence of the corporation［M］. Boston（Ma），1990，1990：235-256.

⑤ Zollo M，Winter S G. Deliberate learning and the evolution of dynamic capabilities［J］. *Organization Science*, 2002，13（3）：339-351.

⑥ 李卫东．企业竞争力评价理论与方法研究［M］．北京：中国市场出版社，2009.

⑦ 袁红林．海外子公司的能力、战略角色与董事会安排的匹配分析［J］．当代财经，2012，2：69-77.

& Narula, 2003；曾国军, 2005；任声策、陈力、沈伦钧和宣国良, 2009)。鉴于子公司能力的重要性，本书将其作为跨国公司子公司角色的重要维度之一。

3.1.3 子公司目标市场维度

跨国公司国际化的第一步即为国际市场的细分和目标市场的选择。国际市场细分包含宏观和微观两个层面：宏观国际市场细分是指跨国公司根据特定的标准将整个世界市场划分为若干个子市场；而微观市场细分则是指跨国公司进入某一国外市场后，将该市场进一步细分为更具体的市场。所谓目标市场的选择则是指跨国公司在细分市场后，评价每个细分市场的吸引力从而选择进入一个或者多个细分市场。根据波特的五力模型以及三大战略，不同的目标市场中子公司外部的利益相关者情况不同，进而选择的基本竞争战略也不尽相同。并且，目标市场选择的成功与否会直接影响跨国公司竞争战略的实施（Melin, 1992)①。同时，子公司的目标市场选择也会严重影响其自身的经营发展。因而，子公司的目标市场选择对跨国公司而言至关重要。White & Poynter（1984)，Bartlet & Ghoshal（1986)，Hogenbirk & van Kranenburg（2006)，Kim，Rhee & Oh（2011)，Manolopoulos（2010）在研究跨国公司子公司角色时将跨国公司子公司目标市场情况作为子公司角色划分的重要标准，因此，本书根据以往学者的研究，将子公司的目标市场范围维度作为衡量跨国公司子公司角色的维度之一。

3.1.4 子公司价值链活动维度

迈克尔·波特于1985年首次提出了价值链的概念。他认为“每一个企业都是用来进行设计、生产、营销、交货以及对产品起辅助作用的各种活动的集合。所有这些活动都可以用价值链表示出来”。根据波特的价值

① Melin L. Internationalization as a strategy process [J]. *Strategic Management Journal*, 1992, 13 (S2): 99-118.

链理论，企业价值活动由两部分构成，即基础活动和辅助活动。其中基础活动包括内部后勤、生产经营、外部后勤、市场营销与服务，而辅助活动包括采购、技术开发、人力资源管理与企业基础设施。基础活动创造价值，而辅助活动保证基本活动的顺利进行。企业价值链理论的基本观点是：任何企业都有其独特的价值链，企业的竞争优势源自于各项价值链活动，企业的价值链反映了其历史、战略、推动战略的途径以及这些活动本身的根本经济效益，在企业的日常经营活动中占据了极其重要的战略地位（杜胜利，2003）①。从以往的文献总结中，我们可以发现学者们认为子公司所从事的价值链活动及其附加值是判断子公司角色的重要标准（White & Poynter，1984；赵景华，2001；Benito，Grogaard & Narula，2003；Hogenbirk & van Kranenburg，2006；Manolopoulos，2010），跨国公司子公司在不同的角色中所从事的价值链活动不同。因此，本书将子公司的价值链活动作为衡量子公司角色的维度之一。

3.1.5 子公司知识流动维度

知识流动是指在一定的情境中，从知识的原单位到接受单元的信息传播过程（Szulanzki，1996）②。随着知识经济的到来，跨国公司的全球学习能力已经成为跨国公司获得竞争优势的关键，这种学习能力包括知识的发觉、创造以及转移（Bartlett & Ghoshal，1999）③，而跨国公司对获取国际优势的积极性也会影响跨国公司内部的知识流动（Tseng，2015）④。并且，由于跨国公司母子公司之间以及各个子公司之间在地理位置和文化距离方面存在差异，因而容易根据当地市场、企业经营环境和管理实践而积累形成国别专有性知识。这种知识产生于不同的环境和企业任务中，难以从要

---

① 杜胜利. CFO 管理前沿［M］. 北京：中信出版社，2003.

② Szulanski G. Exploring internal stickiness: Impediments to the transfer of best practice within the firm［J］. *Strategic Management Journal*, 1996, 17 (S2): 27-43.

③ Bartlett C A, Ghoshal S. Managing across borders: The transnational solution［M］. Boston, MA: Harvard Business School Press, 1999.

④ Tseng C H. Determinants of MNC's Knowledge Inflows to subsidiary: A Perspective on Internalization Advantages［J］. *Management International Review*, 2015, 55 (2): 119-150.

素市场上直接获得，因而被认为是企业跨国经营背后的关键驱动力。同时，这种知识也被认为是跨国公司垄断力量与竞争优势的重要源泉，因为它有助于企业提高当地承诺、减少运作不确定性及增强企业经济效率，而每一个跨国公司海外子公司都是这种国别专有性知识的集合体（薛求知，2001）①。Gupta & Govindarajan（1991），杨桂菊（2006），de Miranda 和 Mendes（2012）根据跨国公司内部以及跨国公司子公司与当地环境之间的知识流动情况对子公司的角色定位与分类进行了研究。综上分析，本书选择知识流动作为界定子公司角色的维度之一。

3.2 跨国公司子公司角色演化路径模型构建

3.2.1 跨国公司子公司角色分类概念模型

通过上述分析，本书创新性地从跨国公司竞争战略视角解读子公司角色，基于跨国公司竞争理论提出了跨国公司子公司角色的五维模型。具体而言，根据核心能力学派的相关理论，现代企业竞争与其说是基于产品的竞争，倒不如说是基于核心能力的竞争，企业经营能否成功，已经不再取决于企业的产品、市场的结构，而取决于其行为反应能力，即对市场趋势的预测和对变化中顾客需求的快速反应，因此，企业战略的目标就在于识别和开发竞争对手难以模仿的核心能力，因此本书选取了子公司能力作为子公司角色的重要维度之一；根据波特竞争优势理论的五力模型与三大战略理论，不同国际细分市场内的跨国公司子公司面临的竞争者情况不同，因此所采取的战略也不尽相同，因此本书选取了子公司目标市场作为子公司角色的重要维度之一；根据竞争优势理论中的企业价值链理论，企业的竞争优势源自于各项价值链活动，这些活动对企业的相对成本地位都有贡献，同时也是构成差异化的基础，因此本书选取了子公司价值链活动附加值作为子公司角色的重要维度之一；根据资源基础理论，企业竞争实践

---

① 薛求知．全球学习效应：跨国公司行为新解释［J］．复旦学报（社会科学版），2001，40，2：184-189.

中，每个企业的资源和能力都是不相同的，同一行业中的企业也不一定拥有相同的资源和能力，这样，企业战略资源和运用这种战略资源的能力方面的差异，就成为企业竞争优势的源泉，企业战略性资源的获得主要可以通过外部学习和知识管理获得（黄庆波等，2008）①，而在跨国公司中，子公司获得母公司的战略性资源主要依靠跨国公司网络内部的知识流动，因此本书选取了子公司知识流动作为子公司角色的重要维度之一。此外，鉴于子公司自主权是跨国公司组织结构关系的基本要素，对子公司日常的经营管理有重要作用，因此，本书也将子公司自主权作为子公司角色的重要维度之一。综上所述，提出子公司角色模型如图 3.1 所示。

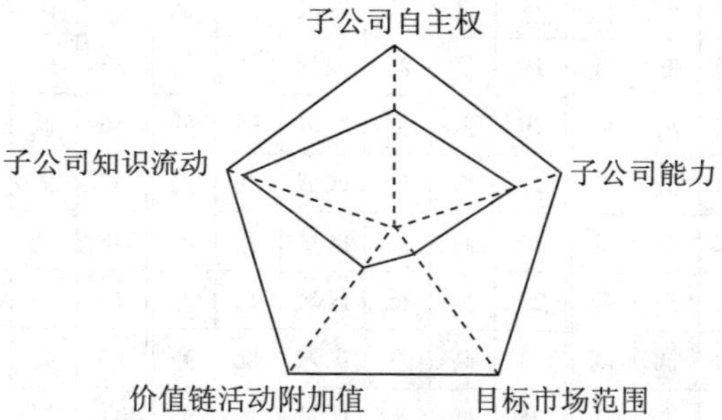

图 3.1　子公司角色分类模型

资料来源：笔者自绘。

3.2.2　跨国公司子公司角色演化路径概念模型

1. 子公司角色类型的编码

根据前文研究，跨国公司子公司角色分类维度由子公司自主权、子公司能力、子公司目标市场、子公司价值链活动附加值以及子公司知识流动 5 方面构成，其中子公司自主权、子公司能力、子公司知识流动可以通过高低 2 个维度进行区分（Jarillo & Martinez，1990；Bartlett & Ghoshal，1986；

① 黄庆波，冯琳．跨国公司竞争战略［M］．北京：清华大学出版社，2008.

Gupta & Govindarajan, 1991)[①②③]，而子公司目标市场主要包含中国市场、区域市场以及全球市场 3 个维度（White & Poynter, 1984; Manolopoulos, 2010)[④⑤]，子公司价值链活动主要用价值链活动附加值的高低进行区分(Hogenbirk & Van Kranenburg, 2006)[⑥]。为了便于不同角色类型的描述，本书将对各个子公司角色类型进行编码。

表 3.2　子公司角色类型编码

角色编码	自主权	能力	目标市场	附加值	知识流动	角色编码	自主权	能力	目标市场	附加值	知识流动	角色编码	自主权	能力	目标市场	附加值	知识流动
1	低	低	中国	低	低	17	低	低	区域	低	低	33	低	低	全球	低	低
2	高	低	中国	低	低	18	高	低	区域	低	低	34	高	低	全球	低	低
3	低	高	中国	低	低	19	低	高	区域	低	低	35	低	高	全球	低	低
4	低	低	中国	高	低	20	低	低	区域	高	低	36	低	低	全球	高	低
5	低	低	中国	低	高	21	低	低	区域	低	高	37	低	低	全球	低	高
6	高	高	中国	低	低	22	高	高	区域	低	低	38	高	高	全球	低	低
7	高	低	中国	高	低	23	高	低	区域	高	低	39	高	低	全球	高	低
8	高	低	中国	低	高	24	高	低	区域	低	高	40	高	低	全球	低	高
9	低	高	中国	高	低	25	低	高	区域	高	低	41	低	高	全球	高	低
10	低	高	中国	低	高	26	低	高	区域	低	高	42	低	高	全球	低	高
11	低	低	中国	高	高	27	低	低	区域	高	高	43	低	低	全球	高	高
12	高	高	中国	高	低	28	高	高	区域	高	低	44	高	高	全球	高	低
13	高	高	中国	低	高	29	高	高	区域	低	高	45	高	高	全球	低	高

---

① Jarillo J C, Martíanez J I. Different roles for subsidiaries: the case of multinational corporations in Spain [J]. *Strategic Management Journal*, 1990, 11 (7): 501-512.

② Ghoshal S, Bartlett C. Tap your subsidiaries for global reach [J]. *Harvard Business Review*, 1986, 64 (6): 87-94.

③ Gupta A K, Govindarajan V. Knowledge flows and the structure of control within multinational corporations [J]. *Academy of Management Review*, 1991, 16 (4): 768-792.

④ White R E, Poynter T A. Strategies for foreign-owned subsidiaries in Canada [J]. *Business Quarterly*, 1984, 49 (2): 59-69.

⑤ Manolopoulos D. Roles of foreign-owned subsidiaries in a European peripheral economy [J]. *Management Research Review*, 2010, 33 (8): 840-859.

⑥ Hogenbirk A E, Van Kranenburg H L. Roles of foreign owned subsidiaries in a small economy [J]. *International Business Review*, 2006, 15 (1): 53-67.

续表

角色编码	自主权	能力	目标市场	附加值	知识流动	角色编码	自主权	能力	目标市场	附加值	知识流动	角色编码	自主权	能力	目标市场	附加值	知识流动
14	高	低	中国	高	高	30	高	低	区域	高	高	46	高	低	全球	高	高
15	低	高	中国	高	高	31	低	高	区域	高	高	47	低	高	全球	高	高
16	高	高	中国	高	高	32	高	高	区域	高	高	48	高	高	全球	高	高

资料来源：笔者根据相关资料整理。

2. 在华子公司角色演化路径模型

跨国公司在华投资环境在外资政策、劳动力市场、竞争环境与高新技术产业发展方面均发生了巨大的变化，因此，为了适应这一变化，跨国公司在华子公司的角色的相应维度也可能会发生相应的调整。一方面，随着我国经济水平的不断发展、市场体制的不断完善以及民营企业的不断成熟，我国的顾客要求不断提高、竞争环境日益加剧，因此，跨国公司在华子公司的能力以及所从事的价值链活动附加值等均有提升（郑琼娥等，2012）①；另一方面，随着中国引进外资数额的增大以及越来越多的在华跨国公司进入营运期和成熟期，为了适应我国经济环境的不断变化，近年来跨国公司在华的撤资事件也时有发生（毛蕴诗等，2002）②。

为此本书将子公司角色演化路径定义为子公司角色变化的方式与方向。由于跨国公司子公司角色由 5 个维度构成，子公司角色的演化可能为其中一个或者几个维度发生改变，因此可以根据子公司角色维度变化的数目将子公司角色演化分为单维演化、二维演化、三维演化、四维演化、五维演化以及无变化 6 种类型。并且，根据发生变化维度的不同可以将子公司角色演化分为自主权型演化、能力型演化、目标市场型演化、价值链活动型演化以及知识型演化 5 种类型。然而，总体而言，类比曾国军

① 郑琼娥，林峰．跨国公司在华价值链调整与我国制造业转型升级［J］．改革，2012（12）：109-116.

② 毛蕴诗，蒋敦福．当代跨国公司撤资理论及其新发展［J］．四川大学学报（哲学社会科学版），2002（2）：24-30.

(2005)[①] 的研究，跨国公司在华子公司角色的演化路径可分为稳定型、发展型、波动型和退化型 4 种类型。

稳定型演化是指跨国公司在华子公司角色的各个维度自子公司创建至今始终未发生变化。

发展型演化是指跨国公司在华子公司角色的各个维度自子公司创建至今由低到高演变，这种演变可能是某一个维度的改变，也可能是某几个维度的变化。

波动型演化是指跨国公司在华子公司角色自子公司创建至今的变化呈波浪形，即跨国公司在华子公司角色的各个维度在高低之间来回变动。

退化型演化是指跨国公司在华子公司角色的各个维度自子公司创建至今由高到低演变，这种演变可能是某一个维度的改变，也可能是某几个维度的变化。

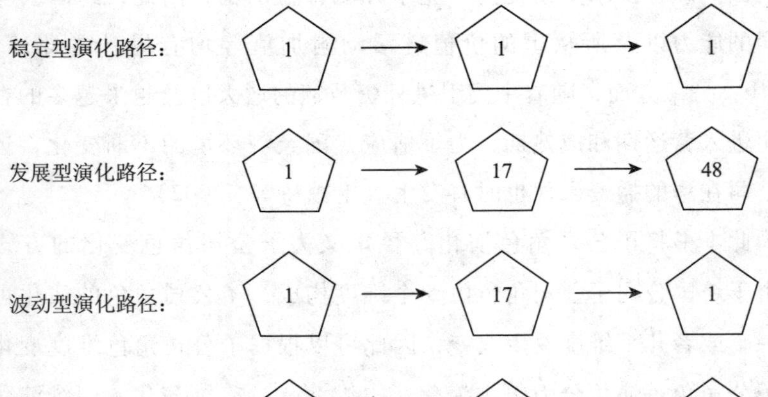

图 3.2　跨国公司子公司角色演化路径示意

资料来源：笔者自绘。

① 曾国军．跨国公司在华子公司战略角色演变——以业务范围和竞争能力为框架［J］．南开管理评论，2005，8（4）：67-72.

3.3 基于跨国公司竞争战略的子公司角色演化影响因素模型

3.3.1 跨国公司竞争战略对子公司角色演化的作用机理研究

Birkinshaw 和 Hood（1998）[①] 认为跨国公司子公司角色演化的影响因素主要包括3个方面，即母公司因素、子公司因素以及东道国环境因素。后续的学者们在此基础上细化了母公司因素、子公司因素以及东道国环境因素所包含的维度并验证了这些因素对跨国公司子公司角色演化有显著影响。

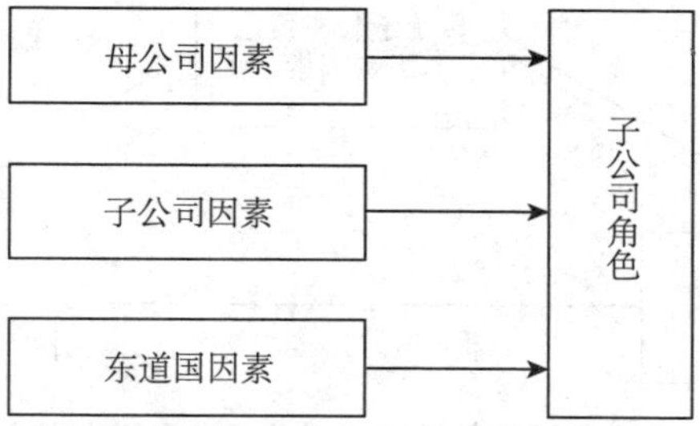

图3.3 传统跨国公司子公司角色演化影响因素作用机理

资料来源：笔者自绘。

本书认为，跨国公司竞争战略理论为子公司角色演化影响因素的分析提供了新的视角。以往的研究中已经有学者意识到了跨国公司战略对子公司角色演化的重要作用。Dörrenbächer 和 Gammelgaard（2006）[②] 在他们的研究中将母公司战略作为母公司因素的重要维度之一，并验证了其是子公司角色演化的重要影响因素，与此同时，当地市场优势以及子公司能动性

---

① Birkinshaw J, Hood N. Multinational subsidiary evolution: Capability and charter change in foreign-owned subsidiary companies [J]. *Academy of Management Review*, 1998, 23 (4): 773-795.

② Dörrenbächer C, Gammelgaard J. Subsidiary role development: The effect of micro-political headquarters-subsidiary negotiations on the product, market and value-added scope of foreign-owned subsidiaries [J]. *Journal of International Management*, 2006, 12 (3): 266-283.

相较于跨国公司战略而言对子公司角色演化的影响并不显著。然而，在其他学者的研究中，单独分析子公司因素与东道国因素对子公司角色演化的影响却都是显著的（Stefan & Frank，2007；Kim，Rhee & Oh，2011）①②。这些实证结果出现的矛盾主要是由于以往的学者对于子公司角色演化的影响因素的研究并不够深入，忽视了不同影响因素之间的内在关系。此外，通过文献的回顾可知，跨国公司竞争战略作为跨国公司经营的重要组成部分，是子公司角色演化的重要影响因素，在子公司角色的演化过程中发挥了重要作用。但是，以往的研究忽略却忽略了这一点。因此，本书引入跨国公司全球战略作为解释变量，在传统的子公司角色演化影响因素分析的基础上，提出了基于跨国公司竞争战略的子公司角色演化影响因素作用机理。

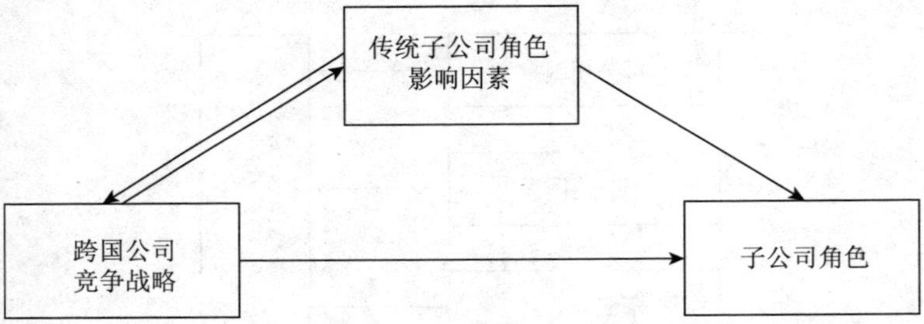

图 3.4　跨国公司竞争战略对子公司角色演化的作用机理

资料来源：笔者自绘。

3.3.2　子公司角色演化影响因素研究

不同的学者对子公司角色演化的影响因素有不同的划分。但是总体而言，所有的影响因素都可以分为母公司因素、子公司因素和东道国因素3类。

---

① Eckert S, Rossmeissl F. Local heroes, regional champions or global mandates? Empirical evidence on the dynamics of German MNC subsidiary roles in Central Europe [J]. *Journal of East-West Business*, 2007, 13 (2-3): 191-218.

② Kim K T, Rhee S K, Oh J. The strategic role evolution of foreign automotive parts subsidiaries in China: A case study from the perspective of capabilities evolution [J]. *International Journal of Operations & Production Management*, 2011, 31 (1): 31-55.

3.3.2.1 母公司因素——跨国公司竞争战略

在以往的研究中，母公司因素主要是指母公司战略。在 Dörrenbächer 和 Gammelgaard（2006）① 的研究中将母公司战略分为追求市场与追求效率 2 种类型，并在研究中证明母公司战略对子公司角色演化的影响作用显著。然而，Dörrenbächer 和 Gammelgaard 对母公司的战略划分并不具体，追求市场和追求效率 2 种战略更多地体现为子公司任务因素。并且，本书通过文献回顾，发现跨国公司竞争战略一方面对传统子公司角色演化影响因素中的子公司因素有影响，即跨国公司竞争战略很可能通过影响子公司股权模式、市场进入方式的选择进一步影响子公司的角色演化，另一方面，跨国公司竞争战略也可能直接作用于子公司角色演化。因此，本书选择跨国公司竞争战略作为母公司因素，它一方面可能直接作用于子公司角色演化，另一方面又可能通过作用于子公司股权模式以及市场进入方式而影响子公司角色演化，并且，跨国公司竞争战略也受到了子公司能动性的影响。

一体化和当地化是跨国公司为获取最大利益而经常采用的战略规则（Prahalad & Doz，1999；Luo，2001）②③。为了应对这两种压力，优化全球收益，跨国公司总部会采取一系列全球战略，通常是全球一体化、当地化以及世界学习的组合来完成其全球化目标（Bartlett & Ghoshal，1995）④。因此，Bratlett 和 Ghoshal（1999）⑤ 根据这三个战略目标分析提出了三种跨国公司全球经营模式以及三种与之相对应的竞争战略，即全球战略、多国

---

① Dörrenbächer C，Gammelgaard J. Subsidiary role development：The effect of micro-political headquarters-subsidiary negotiations on the product，market and value-added scope of foreign-owned subsidiaries [J]. *Journal of International Management*，2006，12（3）：266-283.

② Prahalad C K，Doz Y L. The multinational mission：Balancing local demands and global vision [M]. Simon and Schuster，1999.

③ Luo Y. Determinants of local responsiveness：Perspectives from foreign subsidiaries in an emerging market [J]. *Journal of Management*，2001，27（4）：451-477.

④ Bartlett C A，Ghoshal S. Transnational management [M]. McGraw Hill，1995.

⑤ Bartlett C A，Ghoshal S. Managing across borders：The transnational solution [M]. Boston，MA：Harvard Business School Press，1999.

战略和跨国战略（Harvey, Speier and Novicevic, 1999; Bartlett and Ghoshal, 1999）①。

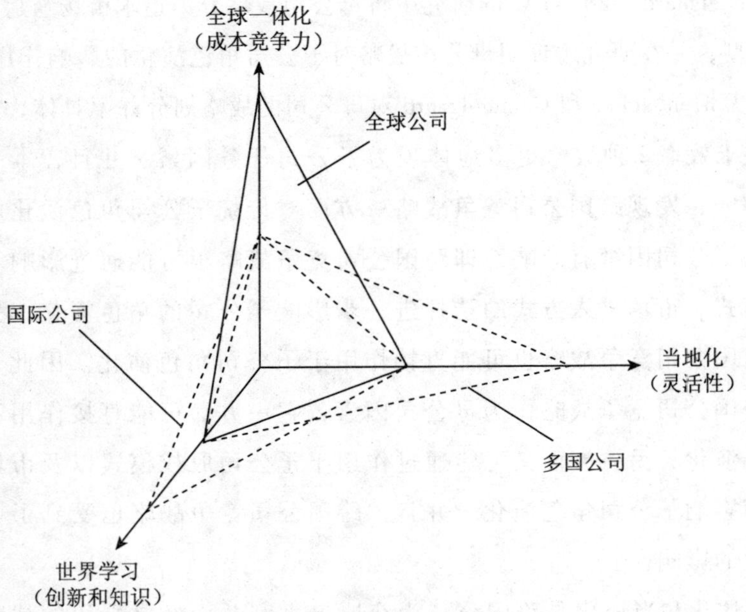

图 3.5　Bartlett 和 Ghoshal 的跨国公司全球经营模式

1. 全球战略

全球战略（global strategy）即全球标准化战略，旨在通过规模经济及区位经济以实现成本的降低，增加盈利能力。全球规模经济强调标准化产品的生产和销售的重要性（Levitt, 1983）②，而区位经济就是指在最适合某个活动的地点执行价值创造活动所产生的经济利益。为了便于与前文的全球战略区分，下文将采用全球标准化战略代表此战略。

跨国公司实施全球标准化战略可以节省成本、发展全球产品并达到较佳的营销绩效。具体而言，全球标准化战略可以企业大幅度降低产品研发、生产、销售等各个环节的成本而提高利润，获取规模经济；在全球范

① Harvey M G, Speier C, Novicevic M M. The impact of emerging markets on staffing the global organization: A knowledge-based view [J]. *Journal of International Management*, 1999, 5 (3): 167-186.

② Levitt T. The Globalization of Markets [J]. *Harvard Business Review*, 1983, 5-6: 92-102.

围内销售标准化产品有利于树立产品在世界上的统一形象，强化企业的声誉，有助于消费者对企业产品的识别，从而使企业产品在全球享有较高的知名度；采用全球标准化战略还可以企业对全球营销进行有效地控制，在降低营销管理难度的同时集中营销资源，跨国公司可以在数量较少的产品上投入相对丰裕的资源，对营销活动的控制力更强；并且随着科学发展、技术进步和社会经济实践的进展，标准化也是一个不断演进的动态过程，通过实施标准化，可以整合和引导社会资源，激活科技要素，推动自主创新和开放创新，加速产业升级。

2. 多国战略

多国战略（multidomestic strategies）强调为了适应不同的当地市场，改变跨国公司的产品或服务来增加利润。采用这一战略的跨国公司在不同国家的市场上提供与其消费者兴趣与偏好相适应的产品。

当各国经营环境差异较大时，企业跨国经营所面临的是一种多国经营环境。各国经营环境的差异对跨国公司战略的影响主要表现在以下几个方面：各国顾客需求和购买习惯的差异、顾客对产品专门化程度的要求、只有少数国家存在产品的市场需求、东道国政府制定的有关法规要求当地市场销售的产品必须满足规定的性能标准、各国贸易壁垒和商业惯例的差异、各国气候条件的差异、各国语言文字的差异。在多国经营环境中，企业跨国经营所涉及的行业是一种多国行业（Multi-domestic Industry），企业所面对的市场竞争也是一种多国性竞争。这种多国行业是各国同类产品生产行业的一种集合。但是，在不同的国家，行业的结构、行业的市场条件、行业进入的障碍、行业内企业的竞争行为以及行业中的盈利能力和技术进步速度都有较大差别。而多国性竞争是指企业在不同东道国面对的竞争对手、竞争条件以及竞争对手对企业战略作出的战略性反应是不同的。因此，企业必须根据各国的特点和竞争对手的情况，有针对性地制定战略，多国战略是以东道国为中心的战略。总体上来讲，它只是企业在各东道国制定的经营战略的集合。同时，实施多国战略，必须解决适应性调整问题。由母公司转移到东道国子公司中的技术、产品和经营诀窍，必须根据东道国当地的具体条件进行调整。

3. 跨国战略

跨国战略（transnational strategies）是前两种战略的结合，即试图同时取得低成本优势、产品差异化优势和技术扩大效应。通过区位经济、规模经济和学习效应获得低成本；通过区域市场解决地方差异问题以实现产品差异化；通过在公司全球运营网络的子公司间实行技术流动促进技术的扩大效应。

全球标准化战略和多国战略分别从一体化和当地化的视角出发考虑跨国公司如何在全球范围内建立竞争优势，其中，全球标准化战略强调规模经济与范围经济，产品结构单一并面向全球市场，缺乏面对不同东道国环境的适应性；而实施多国战略的跨国公司主要为满足东道国市场需要而对产品进行当地化改进，灵活适应性得以考虑但是全球经营效率却有所降低（Ghoshal，1987）①，因而，全球标准化战略和多国战略均是单独强调某一方面的竞争优势对跨国公司的作用，在日常的生产经营中难免有失偏颇。因而，采取跨国战略的企业综合了全球标准化战略与多国战略的优势，为了兼顾全球效率和当地适应性，在全球范围内合理地配置各种经营、管理资源和能力，并同时在适应能力和创新能力方面谋求竞争优势。在经济全球化的背景下，跨国公司采取全球标准化战略以获取低成本优势和全球效率的最大化，采取多国战略的企业更加注重与东道国经营环境的结合，而采取跨国战略的企业则是寻求全球效率和多国化敏捷反应的统一，这一战略已逐渐成为跨国公司全球经营战略的重要表现形式。

为了实行跨国战略，跨国公司的创新以及学习效应显得尤为重要。跨国公司从事技术创新活动的主要优势体现在：跨国公司具有技术创新所需要的大量资金：跨国公司较大的市场份额能分担和降低研发（R&D）成本。著名的跨国公司都有其核心能力，并通过它积累了庞大的资金，储备了丰富的人才和尖端技术。跨国公司获取技术创新的途径主要有 3 种：缔结以技术研发为核心的知识联盟，广泛建立海外研发机构、加大研发投入

---

① Ghoshal S. Global strategy：An organizing framework ［J］. *Strategic Management Journal*, 1987, 8（5）：425-440.

以及通过并购提升技术优势。

3.3.2.2 子公司因素

传统的子公司角色演化影响因素中的子公司因素主要包括子公司能动性、子公司任务、股权模式以及市场进入方式。

1. 子公司能动性

子公司能动性主要体现在子公司通过日常经营管理中的积累与学习而使其自身的经营能力得到提高。在 Dörrenbächer 和 Gammelgaard（2006）① 的研究中子公司能力主要包含生产相关能力、研发相关能力和企业能力；任声策等（2009）② 的研究将子公司的能力分为资源获取能力、研发与创新能力、市场能力和内部管理能力 4 种；而在 Kim，Rhee 和 Oh（2011）③ 的研究中将子公司的能力分为运营、购买、营销和研发 4 个方面。杨桂菊（2006）④ 的研究中认为子公司对网络利益最大化的追求是子公司角色演化的重要影响。根据本书子公司能动性的定义，子公司对网络利益的追求也是子公司能动性的重要体现。子公司对网络利益的追求是指子公司对网络知识、信息以及控制利益的追求。其中，控制利益体现在子公司对网络组织内其他成员的行为具有影响和控制的能力。因为跨国公司重要的全球战略目标之一就是世界学习（Bartlett & Ghoshal，1995）⑤，即通过对外投资获取当地知识与技术，所以子公司对网络利益的追求是跨国公司对外直接投资目的之一，是其竞争战略的重要体现。同时，传统观点认为，企业内部资源与能力会引导企业经营战略的方向，一个企业的战略必须建立在其

---

① Dörrenbächer C，Gammelgaard J. Subsidiary role development：The effect of micro-political headquarters-subsidiary negotiations on the product，market and value-added scope of foreign-owned subsidiaries [J]. *Journal of International Management*，2006，12（3）：266-283.

② 任声策，陈力，沈伦钧，宣国良．跨国公司在华子公司角色演化：理论及案例分析 [J]. 南开管理评论，2009，12（6）：143-149.

③ Kim K T，Rhee S K，Oh J. The strategic role evolution of foreign automotive parts subsidiaries in China：A case study from the perspective of capabilities evolution [J]. *International Journal of Operations & Production Management*，2011，31（1）：31-55.

④ 杨桂菊．跨国公司子公司角色机制理论模型——子公司网络资本的分析视角 [J]. 世界经济研究，2006，11：16-21.

⑤ Bartlett C A，Ghoshal S. Transnational management [M]. McGraw Hill，1995.

所拥有的独特能力之上，而独特能力的形成则在于其独特的资源禀赋（厉伟，2010）①。因而当跨国公司海外子公司的能力随着日常经营过程而逐步提高时，必然会使跨国公司对当地的战略选择甚至竞争战略的选择和实施产生重要影响从而进一步影响该子公司的角色演化。此外，子公司角色的演化又可能会导致子公司能力、知识流动程度等方面的变化并进一步引起子公司能动性的改变。因此，基于子公司能动性的重要影响作用及其作用机理，本书将其选为影响跨国公司竞争战略和子公司角色演化的重要维度之一。

2. 子公司任务

子公司任务是指跨国公司 FDI 目的（Eckert 和 Rossmeissl，2007）②。不同的跨国公司理论下的子公司所承担的任务可能不尽相同。垄断优势理论认为市场的不完全竞争是跨国公司对外投资的根本原因，因此跨国公司海外子公司的任务是发挥跨国公司的市场垄断优势、生产垄断优势、规模经济优势并避免由东道国政府的课税、关税等所产生的市场进入或退出障碍；内部化理论则认为跨国公司对外投资的目的是将交易活动改在跨国公司内部进行（把中间产品内部化），从而形成一个内部市场，部分地取代外部市场，借以克服市场交易障碍和机制的缺陷，降低交易成本，获得更大的利益。而根据 Eckert 和 Rossmeissl（2007）的研究，子公司承担不同的任务会对子公司的角色演化产生影响。因此，本书认为子公司的任务是影响子公司角色的重要维度之一。

本书根据邓宁（1993）③ 关于 FDI 动机的分类，将子公司的任务分为寻求效率、寻求市场、寻求资源以及寻求战略资产 4 种类型：寻求效率是指跨国公司的投资目的是利用东道国的市场、政策以及劳动力等保护现有市场；寻求市场则是指跨国公司在寻求效率的基础上开拓新的海外市场；

---

① 厉伟．企业战略演化内在机制与风险控制研究［J］．中国软科学，2010，8：148-153.

② Eckert S，Rossmeissl F. Local heroes，regional champions or global mandates? Empirical evidence on the dynamics of German MNC subsidiary roles in Central Europe［J］. *Journal of East-West Business*，2007，13（2-3）：191-218.

③ Dunning J H. Multinational enterprises and the global economy［M］. Addison Wesley，1993.

寻求资源是指跨国公司的投资目的是拥有自然资源以及相关基础设施和未经培训的劳动力；寻求战略资产是指跨国公司的投资目的是利用东道国完善的产业配套设施、教育程度较高的劳动力资源以及国际化程度高的市场来增强其创新能力并开辟新市场。

3. 子公司股权模式

子公司的股权模式是影响母公司对子公司控制权的核心要素，跨国公司在进行海外投资决策时，必须首先确定子公司的股权战略（李维安等，2003）①。子公司的股权模式主要分为合资子公司和独资子公司2种。采取独资子公司模式时跨国公司母公司对海外子公司的运营与资源拥有绝对的控制权；而采取合资子公司模式时跨国公司母公司对海外子公司的控制权主要取决于跨国公司所持有的股权比例。研究表明，跨国公司采取不同的竞争战略时会针对不同的海外子公司以及海外环境选取不同的股权模式（Hill, Hwang & Kim, 1990）②。此外，子公司的股权模式还会对子公司的角色产生影响，Williams（1998）③ 通过对建立在英国的法国、德国和美国跨国公司子公司进行调查研究，发现合资子公司所从事的价值链活动通常少于全资子公司。因此，子公司的股权模式受到跨国公司竞争战略选择的影响，同时子公司股权模式也是影响子公司角色演化的重要维度之一。

4. 子公司市场进入方式

跨国公司的市场进入是指一国企业通过对外直接投资在国外建立生产性分支机构的市场进入（陈浪南等，2005）④。子公司的市场进入方式主要有2种，即并购和绿地投资。不同的进入方式预示着跨国公司子公司股权

① 李维安，李宝权．跨国公司在华独资倾向成因分析：基于股权结构战略的视角［J］．管理世界，2003，1：57-62.

② Hill C W L, Hwang P, Kim W C. An eclectic theory of the choice of international entry mode [J]. *Strategic Management Journal*, 1990, 11 (2): 117-128.

③ Williams D. The development of foreign-owned manufacturing subsidiaries: some empirical evidence [J]. *European Business Review*, 1998, 98 (5): 282-286.

④ 陈浪南，洪如明，谢绵陛．我国企业跨国市场进入方式的选择战略［J］．国际贸易问题，2005，7：85-90.

模式、技术扩散风险、资本投入和投资风险的不同（Hill, Hwang and Kim, 1990）①。由于跨国公司的经营目标着眼于全球而不是个别市场的得失，因此必须从战略的角度来考察跨国公司的进入方式选择，因此，跨国公司的竞争战略对子公司进入方式的选择有着重要影响（冯正强等，2005）②。并且，跨国公司子公司在并购后的整合过程中有时会进行专业化调整，即去掉不必要的经营活动且只从事特定的几种价值链活动（Nowinski & Rechkemmer, 2004）③。因此跨国公司子公司的进入方式会影响子公司的角色变化。基于上述分析，子公司的市场进入方式受到跨国公司竞争战略选择的影响，同时子公司市场进入方式也是影响子公司角色演化的重要维度之一。

3.3.2.3 东道国因素

越来越多的学者认识到东道国的选择对子公司的成功经营至关重要（Malhotra & Gaur, 2013; Dai, Eden & Beamish, 2013; Cantwell, 2009）④⑤⑥，东道国环境显著影响着子公司的发展（Asmussen, Pedersen & Dhanaraj, 2009; Frost, Birkinshaw & Ensign, 2002）⑦⑧。在以往的子公司角色演化研究中，学者们主要是从当地市场优势方面分析东道国因素对子公司角色演

---

① Hill C W L, Hwang P, Kim W C. An eclectic theory of the choice of international entry mode [J]. *Strategic Management Journal*, 1990, 11 (2): 117-128.

② 冯正强，陈立龙. 企业国家化经营的市场进入方式选择 [J]. 国际贸易问题，2005, 8: 84-87.

③ Nowinski W, Rechkemmer K. Relative importance of restructuring and integration in cross-border acquisitions of firms in Poland. Static versus dynamic view [C] 30th Annual Conference of the European International Business Academy (EIBA), Ljubljana. 2004: 5-8.

④ Malhotra S, Gaur A S. Spatial geography and control in foreign acquisitions [J]. *Journal of International Business Studies*, 2013, 45 (2): 191-210.

⑤ Dai L, Eden L, Beamish P W. Place, space, and geographical exposure: Foreign subsidiary survival in conflict zones [J]. *Journal of International Business Studies*, 2013, 44 (6): 554-578.

⑥ Cantwell J. Location and the multinational enterprise [J]. *Journal of International Business Studies*, 2009, 40 (1): 35-41.

⑦ Asmussen C G, Pedersen T, Dhanaraj C. Host-country environment and subsidiary competence: Extending the diamond network model [J]. *Journal of International Business Studies*, 2009, 40 (1): 42-57.

⑧ Frost T S, Birkinshaw J M, Ensign P C. Centers of excellence in multinational corporations [J]. *Strategic Management Journal*, 2002, 23 (11): 997-1018.

化的影响，其中，当地市场优势包含当地市场经济情况以及市场竞争者的情况（Dorrenbacher & Gammelgaard，2006；Stefan & Frank，2007）。波特（1990）在传统的比较优势理论的基础上提出了国家竞争优势理论，又称“钻石模型”，着重讨论了特定国家在国际竞争中赢取优势地位的 4 种条件，即资源要素、需求条件、辅助行业和企业战略。跨国公司的基本理论均强调了当地市场优势对跨国公司战略选择的重要性。传统的比较优势理论认为，国际贸易的基础是生产技术的相对差别（而非绝对差别），以及由此产生的相对成本的差别。每个国家的资源禀赋以及劳动力市场情况均不相同，所以都应集中生产并出口其具有“比较优势”的产品，进口其具有“比较劣势”的产品。邓宁（1977）在以往各种直接投资理论的基础上总结并提出了国际生产折中理论，认为所有权优势、内部化优势和区位优势是跨国公司进行对外投资战略决策时的基本要素，其中，区位优势是指投资的国家或地区对投资者来说在投资环境方面所具有的优势，它包含劳动力成本、市场潜力、贸易壁垒和政府政策 4 个方面。跨国公司必须同时兼备所有权优势、内部化优势和区位优势才能从事有利的海外直接投资活动。因此，当地市场优势是跨国公司制定对外投资战略时考虑的重要因素之一。鉴于当地市场优势的重要性并根据以往子公司角色演化影响因素的研究，本书将东道国因素作为子公司角色演化的影响因素。

3.3.3 基于跨国公司竞争战略的子公司角色演化影响因素概念模型的构建

根据上述的子公司角色演化影响因素维度分析，并结合跨国公司竞争战略和子公司角色维度，本书进一步明晰了跨国公司子公司角色演化的影响机制，并在此基础上提出了基于跨国公司全球战略的子公司角色演化因素动态模型。其中，东道国因素作为解释变量，对子公司角色演化产生影响；跨国公司竞争战略作为解释变量一方面可能通过子公司股权模式以及子公司市场进入方式两方面影响子公司角色演化，一方面又可能直接对子公司角色演化产生影响，子公司任务、子公司市场进入方式和子公司股权模式作为解释变量，对子公司角色演化产生影响。此外，子公司的能动性一方面影响了子公司角色的演化，另一方面子公司角色的演化又会对子公司能动性产生影响进而影响跨国公司竞争战略的选择，从而进一步影响子公司角色的演化。

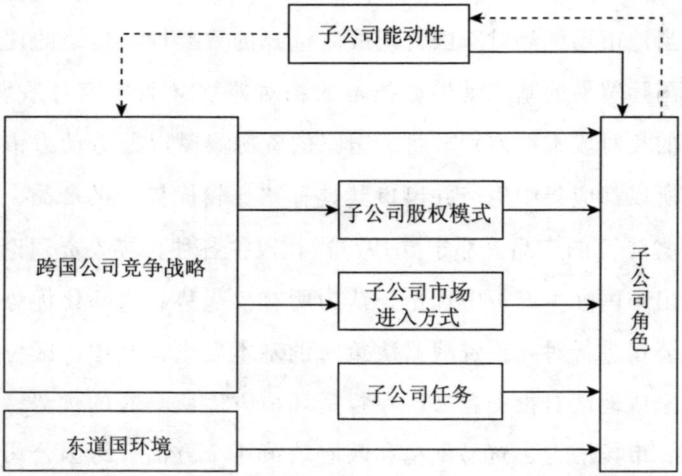

图 3.6　基于跨国公司竞争战略的子公司角色演化影响机制示意

资料来源：笔者自绘。

根据上述理论分析，跨国公司竞争战略包含全球标准化战略、多国战略和跨国战略 3 个维度；子公司任务包含寻求效率、寻求市场、寻求资源和寻求战略资产 4 个维度；子公司股权模式包含合资与独资 2 个维度；子公司市场进入方式包含并购与新建 2 个维度；而子公司角色则包含子公司自主权、子公司能力、子公司目标市场范围、子公司价值链活动附加值以及子公司知识流动 5 个维度。因此，基于跨国公司竞争战略的子公司角色演化影响机制的概念模型如图 3.7 所示。

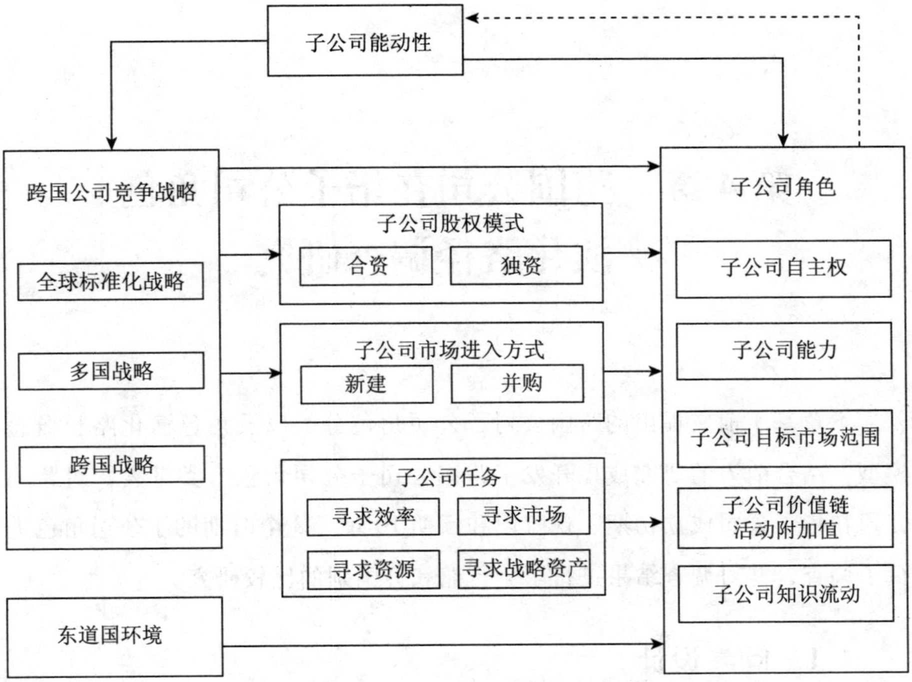

图 3.7 跨国公司子公司角色演化影响机制概念模型

资料来源：笔者自绘。

3.4 本章小结

本章首先总结以往学者关于跨国公司子公司角色分类的研究成果，从跨国公司基本理论视角出发分析了跨国公司子公司角色分类维度，提出了跨国公司子公司角色分类五维模型，即子公司的角色分类包含子公司自主权、子公司能力、子公司目标市场范围、子公司价值链活动附加值以及子公司知识流动。进而，本书基于子公司角色分类模型提出了子公司角色演化路径的概念模型，认为子公司角色的演化路径总体主要包含稳定型、发展型、波动型和退化型，每一种演化路径都可具体细分至不同维度的演化。最后从母公司因素、子公司因素与东道国环境三方面深入研究了子公司角色演化的影响因素，提出了基于跨国公司竞争战略的子公司角色演化机制概念模型。

第4章 跨国公司在华子公司角色演化路径调查研究

本章基于前文提出的跨国公司子公司角色分类以及角色演化路径概念模型，结合前人的研究成果开发了跨国公司子公司角色分类量表，对跨国公司在华子公司成立初期、现阶段和预期10年后3个时期的子公司角色进行了调查，并对调查结果进行了分行业和分国别的比较研究。

4.1 问卷设计

4.1.1 指标的遴选

跨国公司子公司角色包含子公司自主权、子公司能力、子公司目标市场、子公司价值链活动附加值以及子公司知识流动5个维度。因此，本书通过对近年来相关的主要文献进行梳理，逐个确定了各个维度的测量指标。

子公司自主权的调查采用 Vachani（1999）① 关于企业自治程度的量表，该问卷包含15个问题，从营销、人力资源、财务、生产和研发5个方面衡量子公司自主权的高低。其中，营销自主权包含广告内容、产品定价、分销渠道的选择、广告预算和产品投放市场的决定5个测量指标；人力资源自主权包含员工培训、高级管理者的委任以及高级管理的赔偿金3个测量指标；财务自主权包含营运资金决策、资本预算决策、外部审计员

① Vachani S. Global diversification's effect on multinational subsidiaries' autonomy [J]. *International Business Review*, 1999, 8 (5): 535-560.

的选择决策 3 个测量指标；生产自主权包含库存水平决策、质量水平决策以及是否从事当地生产活动 3 个测量指标；而研发自主权包含研发项目选择决策和研发预算决策 2 个测量指标。

子公司能力的调查主要基于姜彦福等（2009）① 提出的子公司能力测量量表，该量表主要从成本能力和市场能力两方面对子公司能力进行了测量。其中，成本能力包含生产和采购两个方面，而市场能力则包含销售和研发两个方面。具体的测量指标以及参考依据如表 4.1 所示。

表 4.1 子公司能力测量指标

功能	项目	能力评价标准	参考依据
生产	管理	产品质量的高低 供应时间的遵守程度 生产成本的高低 应对急需的能力	Skinner（1985）
	技术	工程技术和设备维修水平：对总部的依赖程度	
	人力	业务能力和员工在工厂“改善活动”中的表现程度 中方员工的企业意识和遵守纪律的程度 韩国职员的运作管理水平	Child（1991） Bjorkman & Lu（1999） Tsang（1994）
采购	开发	收集子公司的供应商信息的能力：因为大部分供应商是在采购本土化方面没有做好充分准备的情况下来到中国，所以子公司的经理在获得有足够能力的下一级本土供应商的信息方面存在困难	
		评估和挑选子公司的供应商的能力	Pearson & Ellram（1995）
	协调	向子公司的供应商传授技术和提供技术援助的能力：生产企业努力通过以下方式提高供应商的能力，诸如向它们提出挑战性的要求，同时帮助它们实现该目标	Krause & Ellram（1997）
		把管理方法传授给子公司的供应商的程度	Monczka et al.（1983）

① 姜彦福，金景泰，张久春，吴重山．跨国公司海外子公司的能力演化过程研究——以跟随韩国现代汽车来华的韩国零部件供应商为例［J］．中国工业经济，10：150-160.

续表

功能	项目	能力评价标准	参考依据
销售	BHMC	与BHMC协调的程度：汽车供应商在质量管理，JIT生产、运货和工程改善等方面，通过与客户开展密切的协调来提高能力	Helper（1991）
		面临问题时与BHMC有效协调的程度：客户与供应商保持长期关系比短期关系更具有优势，尤其是在生产比较复杂的产品、产品之间的互相影响程度高，信息的传授比较困难的汽车行业	Monteverde & Teece（1982） Helper（1991） Uzzi（1997）
	其他	收集当地市场信息的能力：销售知识不是说明性的，而是程序性的	Holm& Sharma（2006）
		在中国市场从事商务活动和销售的经验：与范围广大的客户建立商务关系给企业带来更多的学习和提高业绩的机会，只有和多种客户建立商务关系才能增长可重新部署的知识（企业从海外市场获得的经验是可重新部署的知识）	Nobeoka et al.（2002） Luo（2000）
		向中国以外的国家出口的能力：总部为了整体企业的利益分配任务给子公司，以充分利用子公司积累的能力	Birkinshaw& Morrison（1995）
研发	支撑为主	对其他活动的支撑能力：与其他功能领域的优良的沟通能力和对本土的功能活动有效的支撑能力	Voelker & Stead（1999）
	开发为主	为了满足当地需求应用总部提供的技术能力以开发为主，不以研究为主；为了满足当地市场的要求，本土化本国的产品和技术	Pearce（1989） Frost（2001）

资料来源：姜彦福，金景泰，张久春，吴重山．跨国公司海外子公司的能力演化过程研究——以跟随韩国现代汽车来华的韩国零部件供应商为例［J］．中国工业经济，2009，10：153.

为了描述子公司目标市场维度，根据前人研究成果，将子公司的目标市场范围分为当地市场、区域市场和全球市场3种（White & Poynter，1984；Manolopoulos，2010）①②。

子公司价值链活动维度的测量选取子公司所从事的价值链活动的附加

① White R E，Poynter T A. Strategies for foreign-owned subsidiaries in Canada［J］. *Business Quarterly*，1984，49（2）：59-69.

② Manolopoulos D. Roles of foreign-owned subsidiaries in a European peripheral economy［J］. *Management Research Review*，2010，33（8）：840-859.

值作为调查项目。然而对于子公司价值链活动，不同的学者有不同的划分标准，进而其活动的附加值也不同。本书采用 Hogenbirk 和 Van Kranenburg (2006)① 的划分标准，将价值链活动分为营销/销售、产品和服务的生产、采购、研发、售后服务、区域中心 6 种，并且价值链活动的附加值由左至右依次升高。如果某一子公司从事多种价值链活动，则其附加值的最高值作为其价值链活动附加值维度的取值。。

知识流动维度主要是指跨国公司子公司与母公司以及其他子公司之间的知识流入与流出程度（Gupta & Govindarajan，1991；Moacir de Miranda & Felipe，2012）②③。学者们普遍认为衡量知识流动效果的维度应当包含知识的转移量和转移方向两个维度。而张晓燕（2010）④ 认为衡量知识流动程度的维度应当包含水平、频率和内容三个方面，并且在此基础上采用知识流入和流出子公司的流量、频率以及流速三方面来测量子公司知识流动程度。

4.1.2 量表的生成

本书整合了上述的量表，并在此基础上通过小组讨论（包括 1 名教授与 10 名相关专业的博士），确定每个问项是否能够准确反映所测量的维度，每个问项的措辞是否清晰易懂以及是否删减和补充其他问项。最终得到了跨国公司子公司角色测量量表。

---

① Hogenbirk A E, Van Kranenburg H L. Roles of foreign owned subsidiaries in a small economy [J]. *International Business Review*, 2006, 15 (1): 53-67.

② Gupta A K, Govindarajan V. Knowledge flows and the structure of control within multinational corporations [J]. *Academy of Management Review*, 1991, 16 (4): 768-792.

③ de Miranda Oliveira M, Mendes Borini F. The role of subsidiaries from emerging economies—A survey involving the largest Brazilian multinationals [J]. *Thunderbird International Business Review*, 2012, 54 (3): 361-371.

④ 张晓燕. 跨国公司子公司之间的知识转移研究 [M]. 上海：上海世纪出版集团，2010.

表 4.2　子公司角色测量量表

角色维度	量表来源	一级指标	二级指标
子公司自主权	Vachani（1999）	营销	1 子公司广告内容决策制定的自主程度
			2 子公司产品定价的自主程度
			3 子公司分销渠道选择的自主程度
			4 子公司广告预算的自主程度
			5 子公司产品投放市场决定的自主程度
		人力资源	6 子公司员工培训的自主程度
			7 子公司高级管理者中母公司指派所占比重
		财务	8 子公司营运资金决策的自主程度
			9 子公司资本预算决策的自主程度
			10 子公司外部审计员选择的自主程度
		生产	11 子公司产品库存水平决策的自主程度
			12 子公司产品质量标准决策的自主程度
			13 子公司产品是当地生产还是从其他地区进口决策的自主程度
		研发	14 子公司研发项目选择决策的自主程度
			15 子公司研发预算决策的自主程度
子公司能力	姜彦福等（2009）	生产	16 子公司产品质量的高低
			17 子公司供货时间的遵守程度
			18 子公司生产成本的高低
			19 子公司应对紧急需求的能力
			20 子公司生产技术水平
			21 子公司员工的业务能力
			22 辞职率
			23 中方经理的管理水平
			24 中方员工的企业意识和遵守纪律的程度
			25 外籍员工对中国文化的了解程度
			26 外籍员工的海外工作经验
			27 外籍职员与中国员工的沟通能力
		采购	28 收集子公司的供应商信息的能力
			29 评估和挑选子公司的供应商的能力
			30 向子公司的供应商传授技术和提供技术援助的意愿
			31 向子公司的供应商传授技术和提供技术援助的能力
			32 面临共同的问题时与供应商协调的能力
			33 与供应商沟通以及信息共享的程度

续表

角色维度	量表来源	一级指标	二级指标
子公司能力	姜彦福等(2009)	销售	34 收集当地市场信息的能力
			35 对在华外籍客户的营销积极性
			36 对在华外籍客户的销售占总销量的比重
			37 对中国客户的营销积极性
			38 对中国客户的销售占总销量的比重
			39 出口占总销量的比重
		研发	40 开拓市场调查的研发能力
			41 满足当地需求的开发技术的能力
			42 利用中国的技术和资源来开展研发活动的意愿
			43 利用中国的技术和资源来开展研发活动的能力
子公司目标市场	—	—	44 子公司的目标市场范围（选择题）
子公司价值链活动	Hogenbirk, Van Kranenburg (2006)	—	45 子公司所从事的价值链活动（选择题）
知识流动	张晓燕(2010)	知识流入	46 子公司的工作在多大程度上受到跨国公司内其他子公司知识的影响
			47 子公司经常得到跨国公司内其他子公司的知识支持
			48 当子公司的工作需要跨国公司内其他子公司的知识支持时可以迅速得到帮助
		知识流出	49 子公司的代表性知识在多大程度上能影响跨国公司内其他子公司的工作
			50 子公司的代表性知识经常作为其跨国公司内其他子公司的工作提供支持
			51 跨国公司内其他子公司的工作需要子公司的知识支持，子公司会迅速行动

资料来源：笔者根据相关资料整理。

4.2 数据收集

4.2.1 样本选择

本书以跨国公司在华子公司为研究对象，其中该子公司必须成立5年以上并且母公司控股达50%以上。调查对象主要为跨国公司的中高层管理者，采用网络问卷调查与纸质调查问卷相结合的方法进行数据收集，其中网络问卷发放主要采用向跨国公司中高层管理者定点发送邮件的方式。本研究问卷采用“5点李克特量表”（5 point Likert Scale）形式，其中1代表该指标完全不能反映跨国公司在华情况，而5则代表该指标能够充分反映跨国公司在华情况，并且要求受访者根据子公司成立初期，当期以及10年后预期3个时间点分别进行回答。并且在问卷前部，本研究还统计了子公司的母国国别、所属行业、人员、营业额等基本信息。数据的收集工作历时2个多月，共收回问卷195份，其中有效问卷179份，问卷的有效率为91.79%，并且有效问卷中纸质问卷共回收26份，占有效样本的14.53%，网络问卷共回收153份，占有效问卷的85.47%。

4.2.2 样本的统计性描述

1. 受访者的统计性描述

（1）受访者性别：在所有的样本企业中，男性受访者的样本共94份，占有效样本的52.51%；女性受访者的样本共85份，占有效样本的47.49%。

（2）受访者年龄：在所有的样本企业中，受访者小于30岁的样本共14份，占有效样本的7.82%；在所有样本企业中，受访者年龄介于31~40岁的样本共97份，占有效样本的54.19%；受访者年龄为41岁以上的样本共68份，占有效样本的37.99%。

（3）受访者学历：在所有的样本企业中，受访者学历为研究生以上的样本共82份，占有效样本的48.51%；受访者学历为本科的样本共95份，占有效样本的 53.07%。受访者学历为本科以下的样本共 2 份，占有效样本的 1.12%。

(4) 受访者职位层次：在所有样本企业中，受访者属于高层管理者的样本共 82 份，占有效样本的 45.81%；受访者属于中层管理者的样本共 85 份，占有效样本的 47.49%。受访者属于其他管理者的样本共 12 份，占有效样本的 6.70%。其中，高层管理者主要是指企业的董事长、总经理或副总经理；中层管理者是指企业的部门负责人；其他管理者主要是指基层管理者以及对子公司运营情况较为熟悉的相关人员。

(5) 受访者职位年限：在所有样本企业中，受访者目前职位年限在 3 年以下的样本共 80 份，占有效样本的 44.69%；受访者目前职位年限在 4~8 年的样本共 89 份，占有效样本的 49.72%；受访者目前职位年限在 8 年以上的样本共 10 份，占有效样本的 5.59%。

2. 受访企业的描述性统计

(1) 受访企业的母国国别：在所有样本企业中，母公司位于美洲的样本有 61 个，占有效样本的 34.08%；母公司位于欧洲的样本有 60 个，占有效样本的 33.52%；母公司位于亚洲的样本有 58 个，占有效样本的 32.40%。其中，排名前 3 位的国家和地区为美国（59）、日本（32）和德国（21）。

(2) 受访企业的成立年限：在所有样本企业中，成立时间在 10 年以内的样本有 27 个，占有效样本的 15.08%；成立时间在 10~20 年之间的样本有 83 个，占有效样本的 46.37%；成立时间在 20 年以上的样本有 69 个，占有效样本的 38.55%。

(3) 受访企业的人员规模：在所有样本企业中，人员规模在 1 万人以上的样本有 34 个，占有效样本的 19.00%，人员规模在 1000 人以上 1 万人以下的样本有 64 个，占有效样本的 35.75%；人员规模在 1000 人以内的样本有 81 个，占有效样本的 45.25%。

(4) 受访企业的行业分布：在所有样本企业中，从事贸易行业的样本有 30 个，占有效样本的 16.76%；从事制造业的样本有 93 个，占有效样本的 51.96%；从事资源开发行业的样本有 3 个，占有效样本的 1.68%；从事交通、物流行业的样本有6个，占有效样本的3.35%；从事通信、计算机、互联网行业的样本有14个，占有效样本的7.82%；从事建筑、基础设施建设的样本有6个，占有效样本的3.35%；从事旅游、餐饮行业的样本有6个，占有效样本的3.35%；从事金融、咨询服务的样本有7个，占有效样本的3.91%；从事其他行业的样本有14个，占有效样本的7.82%。

（5）受访企业的所在地：本次调查的样本企业遍布我国20个省、市，长江以南省市的样本有73个，占有效样本的40.78%；长江以北省市的样本有106个，占有效样本的59.22%。其中，排名前3位的省市分别为上海（49）、山东（44）、北京市（27）。

4.2.3 数据质量

为了保证问卷数据的质量和准确性，本书根据规范的实证调研程序，针对不同发放渠道、问卷回收时间以及问卷填写者身份3个方面对所收集的数据进行了质量检测，具体结果如下所示：

（1）问卷发放渠道差异的影响。本书采取的问卷发放渠道主要包括纸质纸卷和网络问卷两种，因此选用独立样本T检验的方法对两类问卷中对应题项的均值和方差进行检验。检验结果表明，采用不同渠道发放的问卷中绝大多数题项的均值和方差在0.05的显著性水平下不存在显著性差异，即通过不同发放渠道所获取的问卷数据不存在显著性差异。

（2）问卷回收时间差异的影响。本书采用的问卷回收方式包括现场回收和电子问卷回收两种，由于电子问卷的回收率低于现场回收，并且回收周期较长，因此，本书根据邮件显示的具体日期对问卷的回收周期进行划分，将回收期在2周以内以及回收期在4周以上的问卷各归为一类，随后利用独立样本T检验的方法对两类问卷中对应题项的均值和方差进行检验，检验结果表明，采用回收时间不同的问卷中绝大多数题项的均值和方差在0.05显著性水平下不存在显著差异，即先后回收的问卷所获取的数据不存在显著性差异。

（3）问卷填写者身份差异的影响。本书的问卷调查对象包含跨国公司在华子公司的高层管理人员、中层管理人员及其他管理者3种。本研究采用方差分析的方法对这三类类问卷对应题项的均值和方差进行对比检验。检验结果表明，不同填写者回答的问卷中绝大多数题项均在 0.05 显著性水平下没有显著性差异，即不同身份的填答者填写的问卷没有显著性差异。

4.3 信度与效度检验

4.3.1 信度检验

信度（reliability）是指测量结果（数据）一致性或稳定型的程度。评价量表的内部一致性，也就是评价量表指标之间的同质性，因为本书使用的量表为 Likert 式量表，因此采用针对此重量表开发的 Cronbach' s（Cronbach，1951）① 作为评价内部一致性的指标。这种测量方法的主要思路是通过应用多个指标对目标构念进行测量，通过方差分析的方式，从测量得分中求出由构念本身造成的共同变异量和由被试个体差异造成的变异量，以此来估计该量表的信度系数。该信度系数可以用下述公式加以表示：

$$\alpha = \frac{k}{k-1}\left[1 - \frac{\sum \sigma_i^2}{\sum \sigma_i^2 + 2(\sum \sigma_{ij})}\right]$$

其中，$\sum \sigma_i^2$ 代表测量指标 i 的变异量，$\sum \sigma_{ij}$ 代表测量指标 i 与 j 之间的共同变异量，k 则指量表包含的指标数。当这些指标完全没有相关性时，它们的共同变异量为零，量表的信度为零；测量指标间的相关性越高，则它们的共同变异量越大，量表的信度也随之增大。我们一般采用 Devellis（2003）提出的信度检验标准，Cronbach' s 系数的合适范围如下：低于 0.60，不能接受；0.60~0.70，一般；0.70~0.80，较好；0.80~0.90，非常好；远大于 0.90，应该考虑压缩量表。

将问卷数据用 SPSS20.0 进行信度分析，结果如表 5.3 所示。

---

① Cronbach L J. Coefficient alpha and the internal structure of tests [J]. *Psychometrika*, 1951, 16 (3): 297-334.

表 4.3 信度分析表

类别	Cronbach's α	基于标准化项的 Cronbach's α	项数
问卷整体	0.932	0.934	49
子公司自主权	0.867	0.869	15
子公司能力	0.883	0.891	28
子公司知识流动	0.749	0.748	6

由分析结果可知，整体问卷的 Cronbach's α 值为 0.932，接近 0.9，并且，问卷中子公司自主权和子公司能力两个维度的 Cronbach's α 值高于 0.8，而子公司知识流动维度的 Cronbach's α 值也高于 0.7。因此，认为该问卷的内部一致性非常好。

4.3.2 效度检验

效度（validity）是指测量工具能够正确测量出所需要测量的特质的程度，分为内容效度（content validity）、效标效度（criterion validity）和结构效度（construct validity）3 个主要类型。

内容效度也称表面效度或逻辑效度，是指测量目标与测量内容之间的适合性与相符性。对内容效度常采用逻辑分析与统计分析相结合的方法进行评价。逻辑分析一般由研究者或专家评判所选题项是否“看上去”符合测量的目的和要求。效标效度又称准则效度、实证效度、统计效度、预测效度或标准关联效度，是指用不同的几种测量方式或不同的指标对同一变量进行测量，并将其中的一种方式作为准则（效标），用其他的方式或指标与这个准则作比较，如果其他方式或指标也有效，那么这个测量即具备效标效度。结构效度也称构想效度、建构效度或理论效度，是指测量工具反映概念和命题内部结构的程度，也就是说，如果问卷调查结果能够测量其理论特征，使调查结果与理论预期一致，就认为数据是具有结构效度的。

本书的量表是在前人研究的基础上通过小组讨论（包括 1 名教授与 10 名相关专业的博士）得出的，因此认为具有较好的内容效度和效标效度。以下将通过验证性因子分析的模型拟合情况对量表的结构效度进行考评。

1. 子公司自主权的结构效度

本书使用 AMOS21.0 对理论模型进行检验，通过该软件绘制成可识别的结构方程模型，其中椭圆形表示潜在变量，矩形表示观测变量，观测变量的编号对应问卷问项的序号。

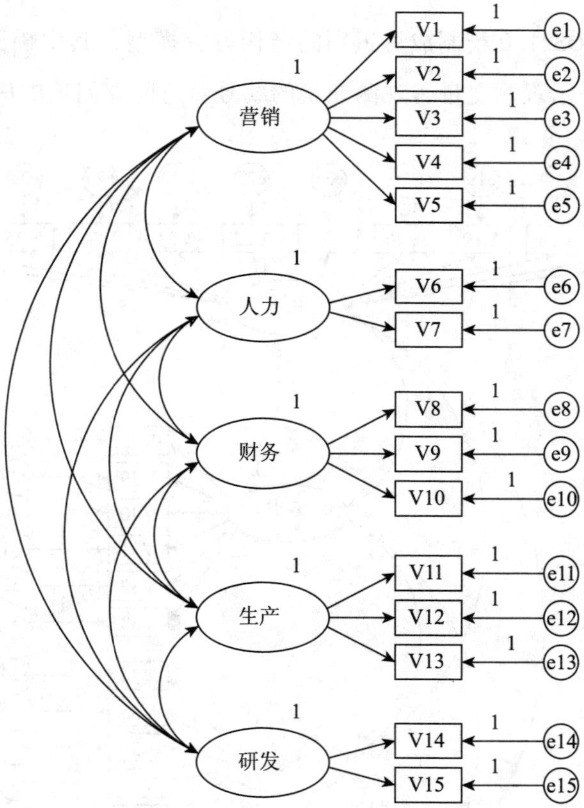

图 4.1 子公司自主权测量模型

在模型构建的基础上，导入相关数据拟合。模型各条路径均显著并且各项拟合指标检验结果如表 4.4 所示，结构方程模型整体拟合较好，因此子公司自主权量表的结构效度较较好。

表 4.4　子公司自主权测量模型拟合检验

拟合指标	指标值	拟合要求
χ^2/df	1.631	介于 1 与 3 之间
GFI	0.908	大于 0.9
CFI	0.928	大于 0.9
RMSEA	0.060	小于 0.08

2. 子公司能力的结构效度

通过 AMOS21.0 绘制成可识别的结构方程模型，其中椭圆形表示潜在变量，矩形表示观测变量，观测变量的编号对应问卷问项的序号。

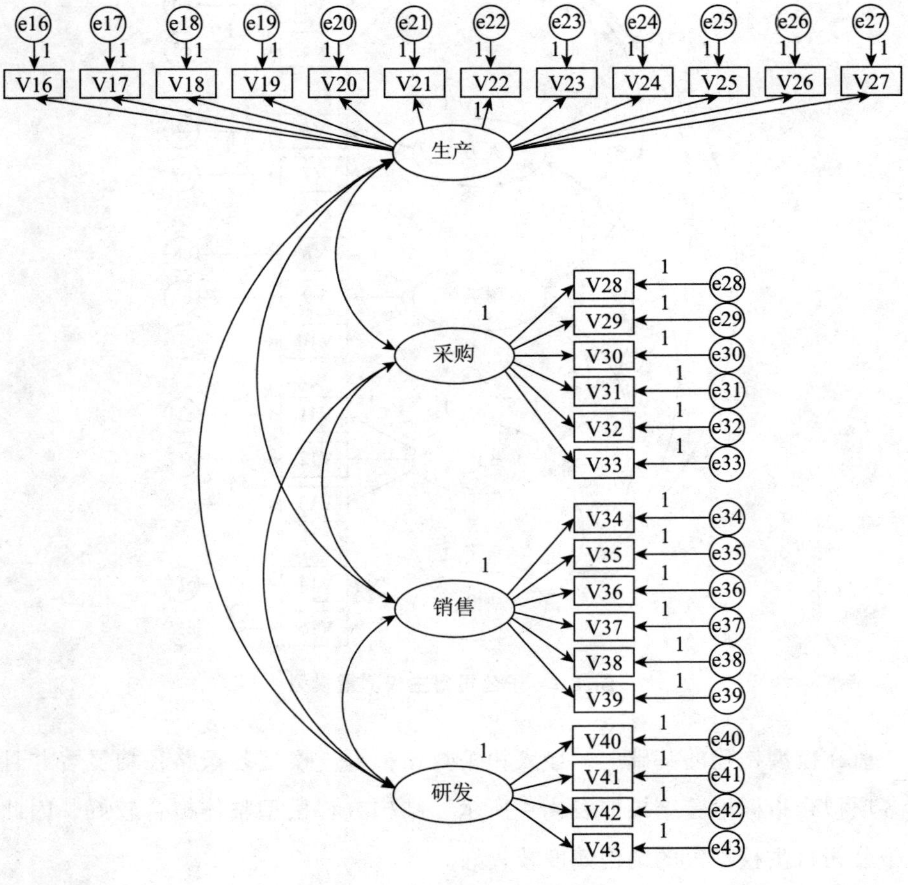

图 4.2　子公司能力测量模型

在模型构建的基础上，导入相关数据拟合。模型各条路径均显著并且各项拟合指标检验结果如表 4.5 所示，结构方程模型整体拟合较好，因此子公司能力量表的结构效度较好。

表 4.5 子公司能力测量模型拟合检验

拟合指标	指标值	拟合要求
χ^2/df	1.337	介于 1 与 3 之间
TLI	0.900	大于 0.9
CFI	0.913	大于 0.9
RMR	0.040	小于 0.05
RMSEA	0.043	小于 0.08

3. 子公司知识流动的结构效度

通过 AMOS21.0 绘制成可识别的结构方程模型，其中椭圆形表示潜在变量，矩形表示观测变量，观测变量的编号对应问卷问项的序号。

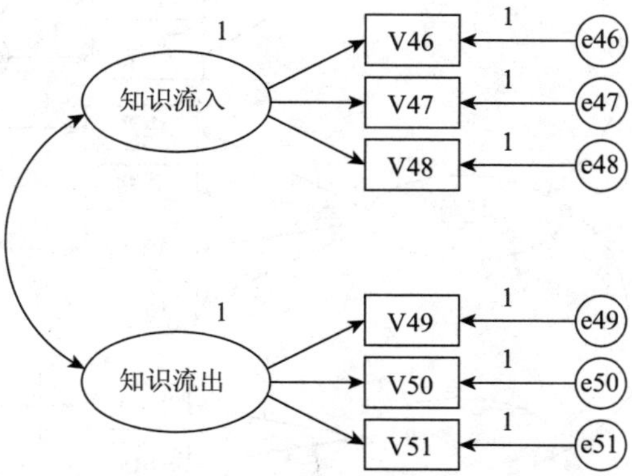

图 4.3 子公司知识流动测量模型

在模型构建的基础上，导入相关数据拟合。模型各条路径均显著并且各项拟合指标检验结果如表 4.6 所示，结构方程模型整体拟合较好，因此子公司知识流动量表的结构效度较好。

表 4.6　子公司知识流动测量模型拟合检验

拟合指标	指标值	拟合要求
χ^2/df	2.972	介于 1 与 3 之间
GFI	0.960	大于 0.9
CFI	0.923	大于 0.9
RMR	0.031	小于 0.05

4. 子公司角色的结构效度

通过 AMOS21.0 绘制成可识别的结构方程模型，其中椭圆形表示潜在变量，矩形表示观测变量，各个观测变量取值为其对应二级指标得分的均值。

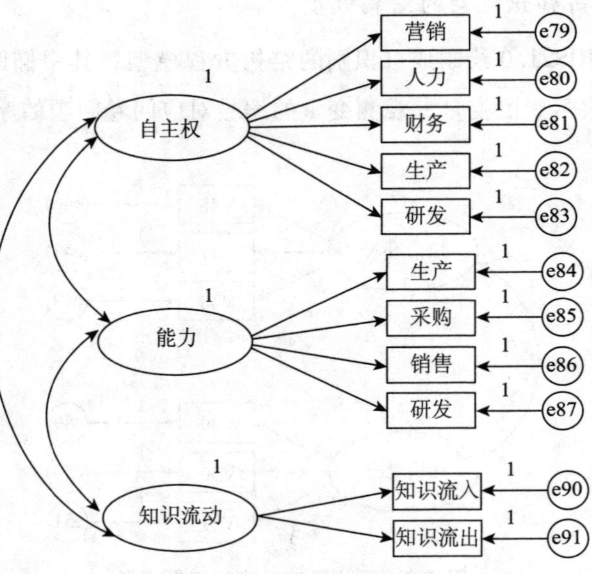

图 4.4　子公司角色测量模型

在模型构建的基础上，导入相关数据拟合。模型各条路径均显著并且各项拟合指标检验结果如表 4.7 所示，结构方程模型整体拟合较好，因此子公司知识流动量表的结构效度较好。

表 4.7 子公司角色测量模型拟合检验

拟合指标	指标值	拟合要求
χ^2/df	1.966	介于 1 与 3 之间
GFI	0.927	大于 0.9
CFI	0.974	大于 0.9
RMSEA	0.074	小于 0.08

4.4 调查结果

4.4.1 跨国公司在华子公司角色维度

1. 跨国公司在华子公司自主权

通过调查，不同时期跨国公司在华子公司的自主权如表 4.8 和图 4.5 所示。

表 4.8 跨国公司在华子公司自主权

指标	初成立	现阶段	预期 10 年后
贵公司广告内容决策制定的自主程度	2.57	2.93	3.50
贵公司产品定价的自主程度	2.36	2.64	3.07
贵公司分销渠道选择的自主程度	3.00	3.29	3.79
贵公司广告预算的自主程度	2.36	2.71	3.00
贵公司产品投放市场决定的自主程度	2.57	2.86	3.21
贵公司员工培训的自主程度	3.14	3.50	4.00
贵公司高级管理者中当地人员所占比重	3.14	3.14	3.57
贵公司营运资金决策的自主程度	2.79	3.14	3.43
贵公司资本预算决策的自主程度	2.64	2.93	3.43
贵公司外部审计员选择的自主程度	2.57	2.64	3.07
贵公司产品库存水平决策的自主程度	2.86	3.00	3.50
贵公司产品质量标准决策的自主程度	3.07	3.29	3.71
贵公司产品是当地生产还是从其他地区进口决策的自主程度	2.86	3.21	3.43
贵公司研发项目选择决策的自主程度	3.14	3.36	3.64
贵公司研发预算决策的自主程度	2.86	3.14	3.43

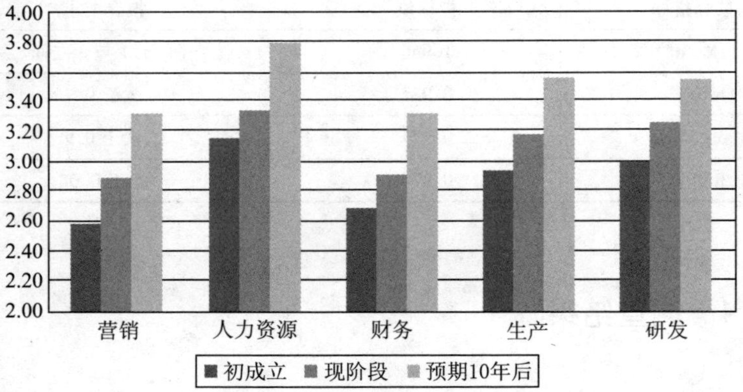

图 4.5 不同时期的跨国公司在华子公司自主权

通过图表数据可以发现，跨国公司在华子公司的自主权处于中等水平，其中人力资源决策方面的自主权最高，而营销决策的自主权最低。随着跨国公司在华子公司经营时间的不断增长，其各个方面的自主权均有上升趋势，并且比重基本维持不变。

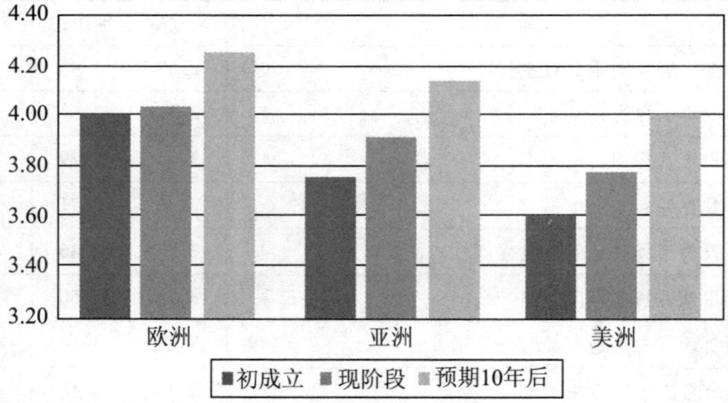

图 4.6 不同国别的跨国公司在华子公司各个时期的自主权

通过对比可知，欧洲国家的跨国公司在华子公司自主权程度最高，而美洲国家的跨国公司在华子公司的自主权程度最低。并且，随着跨国公司在华经营时间的不断增长，不同国别的跨国公司在华子公司自主权程度均有所提高，并且自主权的国别差异正在逐步减小。

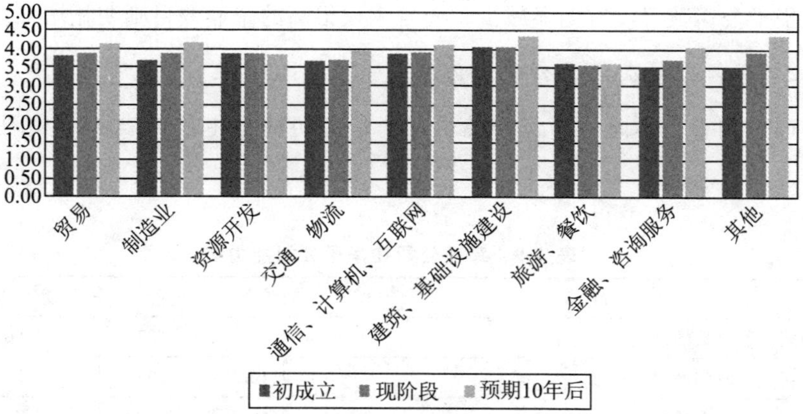

图 4.7　不同行业的跨国公司在华子公司各个时期的自主权

总体而言，跨国公司在华子公司自主权的行业差异并不明显，从事建筑、基础设施建设行业的子公司自主权相对较高，而从事旅游、餐饮行业的子公司自主权相对较低。随着跨国公司在华经营时间的增长，从事研发、物流、计算机和餐饮行业的子公司自主权增幅较小，而制造业、金融服务以及其他行业的自主权增幅则较为明显。

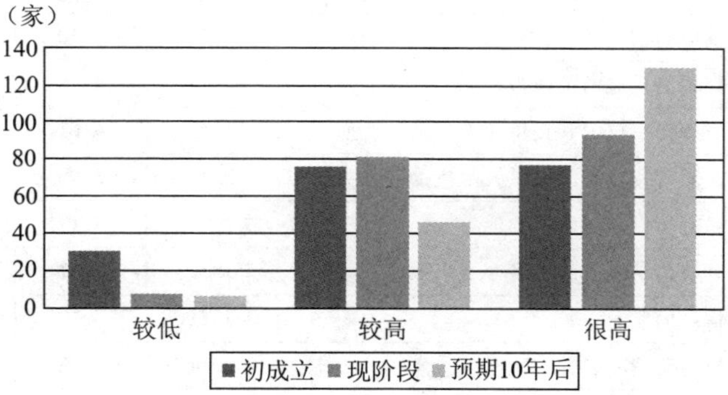

图 4.8　不同时期跨国公司在华子公司角色自主权维度分布

从跨国公司子公司角色类型的角度分析，跨国公司在华子公司成立初期自主权较低的企业有 29 家，而子公司权自主权较高（得分在 3~4 之间）以及很高（得分在 4 以上）的企业数基本相等。现阶段，跨国公司在华子公司的自主权有了明显提升，特别是自主权较低的企业明显减少，而子公司自主权较高和很高的企业数增加幅度相当；预期 10 年后，自主权较低的跨国公司在华子公司数目没有明显减少，而自主权很高的企业数目则明显增多。

2. 跨国公司在华子公司能力

通过调查，不同时期跨国公司在华子公司的自主权如表 4.9 和图 4.9 所示。

表 4.9　跨国公司在华子公司能力

指标	初成立	现阶段	预期 10 年后
贵公司产品质量的高低	4.01	4.32	3.66
贵公司供货时间的遵守程度	4.16	4.37	4.30
贵公司生产成本的高低	3.66	3.40	3.32
贵公司应对紧急需求的能力	3.95	4.02	4.18
贵公司生产技术水平	3.78	4.15	4.25
贵公司员工的业务能力	3.68	4.13	4.33
辞职率	3.06	2.75	2.50
中方经理的管理水平	3.78	3.97	4.26
中方员工的企业意识和遵守纪律的程度	3.94	4.15	4.22
外籍员工对中国文化的了解程度	3.41	3.75	4.09
外籍员工的海外工作经验	3.70	4.04	4.13
外籍职员与中国员工的沟通能力	3.49	4.04	4.13
收集子公司的供应商信息的能力	3.73	4.10	4.19
评估和挑选子公司的供应商的能力	3.75	4.18	4.13
向贵公司的供应商传授技术和提供技术援助的意愿	3.83	4.01	4.09
向贵公司的供应商传授技术和提供技术援助的能力	3.74	3.98	4.22
面临共同的问题时与供应商协调的能力	3.88	4.17	4.27
与供应商沟通以及信息共享的程度	3.84	4.11	4.21
收集当地市场信息的能力	3.71	4.17	4.17
对在华外籍客户的营销积极性	3.74	3.98	4.07
对在华外籍客户的销售占总销量的比重	3.43	3.79	3.79
对中国客户的营销积极性	3.96	4.27	4.30
对中国客户的销售占总销量的比重	3.80	3.94	4.06
出口占总销量的比重	3.36	3.61	3.78
开拓市场调查的研发能力	3.61	4.03	4.21
满足当地需求的开发技术的能力	3.70	4.19	4.26
利用中国的技术和资源来开展研发活动的意愿	4.07	4.15	4.33
利用中国的技术和资源来开展研发活动的能力	3.85	4.12	4.33

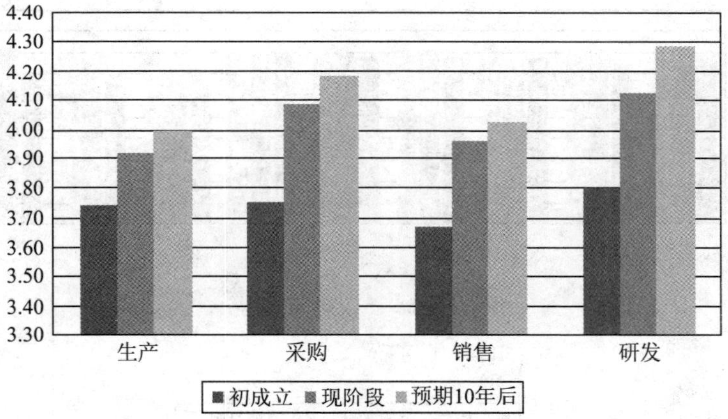

图 4.9 不同时期的跨国公司在华子公司能力

通过图表数据可以发现，跨国公司在华子公司能力总上处于较高水平，其中，初成立时，子公司各方面能力比较平均，销售能力稍弱，随着子公司经营时间的增长，各项能力都有显著增长，特别是采购能力和研发能力，而生产能力增幅最小，成为 4 项能力中较弱的一环。

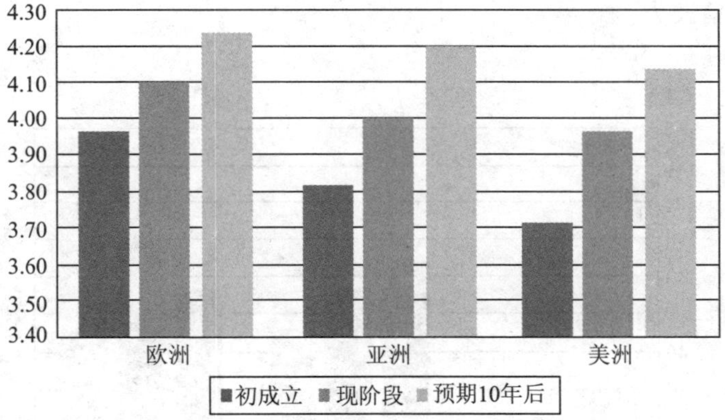

图 4.10 不同国别的跨国公司在华子公司各个时期的能力

通过对比可知，欧洲国家的跨国公司在华子公司能力水平最高，而美洲国家的跨国公司在华子公司的能力水平最低。并且，随着跨国公司在华经营时间的不断增长，不同国别的跨国公司在华子公司能力均有所提高，其中，美洲国家的跨国公司在华子公司能力水平提高的幅度最大，并且能力的国别差异正在逐步减小。

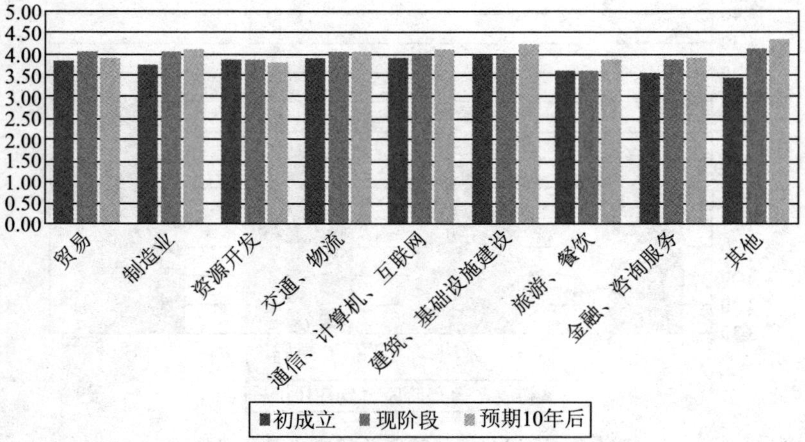

图 4.11　不同行业的跨国公司在华子公司各个时期的能力

总体而言，跨国公司在华子公司能力的行业差异并不明显，从事建筑、基础设施建设行业的子公司能力相对较高，而从事旅游、餐饮和金融服务行业的子公司自主权相对较低。随着跨国公司在华经营时间的增长，多数行业的子公司能力均有提高，其中其他行业、制造业以及建筑、金融行业的增幅较大。

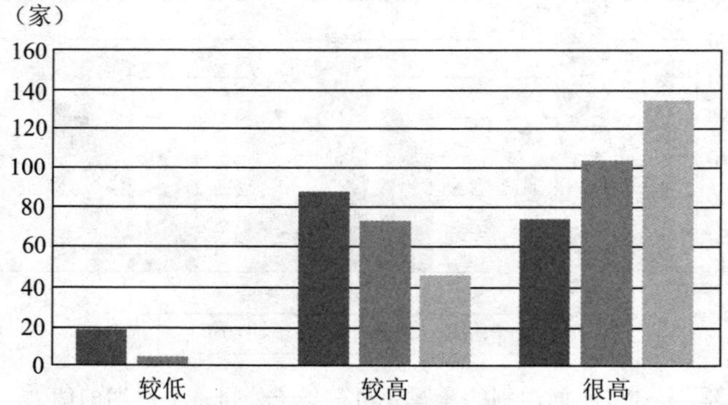

图 4.12　不同时期跨国公司在华子公司角色能力维度分布

从跨国公司子公司角色类型的角度分析，跨国公司在华子公司成立初期能力较低的企业有 18 家，而子公司能力较高（得分在 3～4 之间）的企业数目最多，有 88 家；现阶段，跨国公司在华子公司的能力有了明显提升，特别是能力较低的企业明显减少，而子公司能力较高的企业数目也有小幅下降，子公司能力很高（得分在 4 以上）的企业数明显增长；预期 10 年后，能力较低的跨国公司在华子公司将不存在，而子公司能力较高的企业也会大幅减少，绝大多数跨国公司在华子公司的能力都会很高。

3. 跨国公司在华子公司目标市场范围

通过调查，发现不同国家以及不同时期的跨国公司在华子公司的目标市场范围如图 4.13 所示。

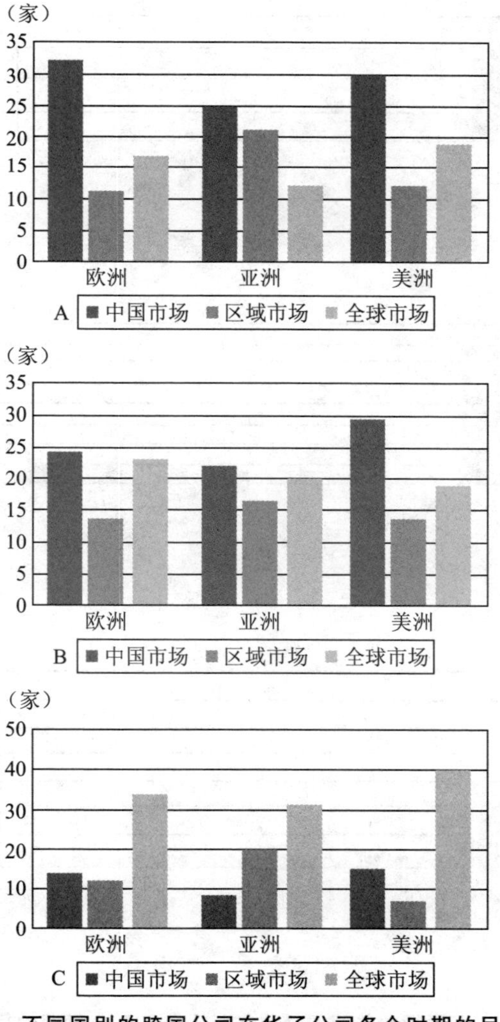

图 4.13　不同国别的跨国公司在华子公司各个时期的目标市场

说明：A 为成立初期；B 为现阶段；C 为预期 10 年后。

跨国公司在华子公司成立初期，各个国家的子公司中以中国为目标市场的子公司数目最多，其中欧洲的跨国公司比例最高；现阶段，以中国市场为目标市场的子公司数目仍然最多，但是美洲的跨国公司比例最高，并且以中国为目标市场的子公司数目已有明显下降，以区域市场为目标的子公司数目基本持平；预期10年后各个国家以全球市场为目标市场的在华子公司数目将明显增多，并且美洲国家的比例最高。

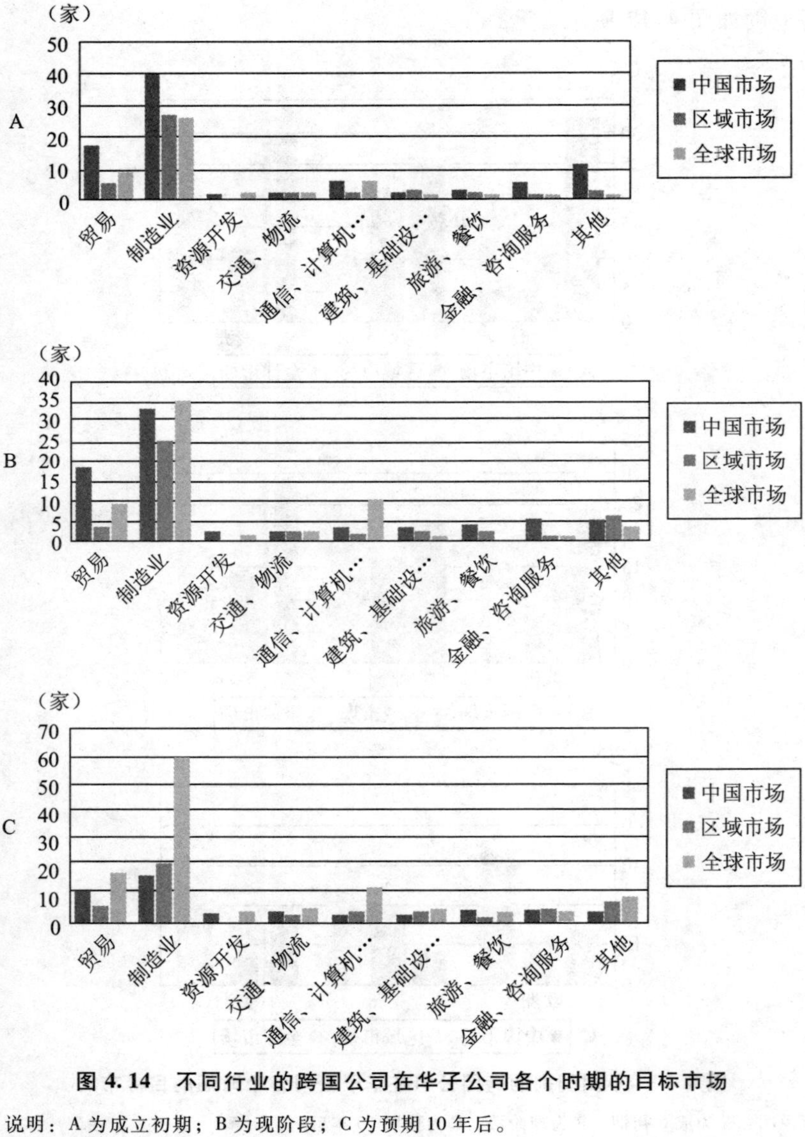

图4.14　不同行业的跨国公司在华子公司各个时期的目标市场

说明：A为成立初期；B为现阶段；C为预期10年后。

通过图表可知，不同行业的跨国公司在华子公司各个时期的目标市场差异较小，总体而言均是遵从随着子公司经营时间增长，以中国市场为目标市场的子公司数目减小，以全球市场为目标市场的子公司数目增加的趋势。跨国公司在华子公司成立初期，制造业、贸易和其他行业的子公司以中国市场为目标的比例最高，通信、互联网和贸易行业的子公司以区域市场为目标市场的比例最低；跨国公司在华子公司现阶段，制造业和通信、互联网行业的子公司以全球市场为目标市场的比例最高，而贸易行业和金融服务行业的子公司以中国市场为目标市场的比例最高；跨国公司在华子公司预期 10 年后，各个行业的子公司以全球市场为目标市场的比例均为最高，尤其是制造业、贸易和通信互联网行业。

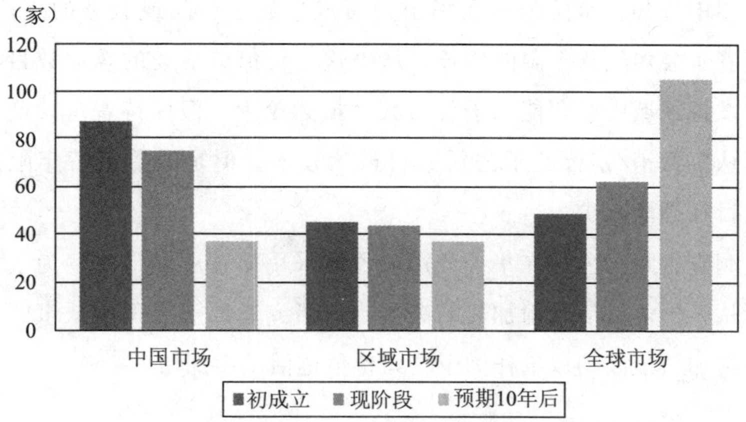

图 4.15　不同时期跨国公司在华子公司角色目标市场维度分布

从跨国公司子公司角色类型的角度分析，跨国公司在华子公司成立初期，有近一半子公司以中国市场为目标市场，而以区域市场和全球市场为目标的子公司数目相当；现阶段，以中国市场和区域市场为目标的子公司数目小幅减小；预期 10 年后，以中国市场为目标的子公司数目将大幅减少，而相对应的以全球市场为目标的子公司数目将大幅增加。

4. 跨国公司在华子公司价值链活动附加值

通过调查，跨国公司在华子公司不同时期所从事的价值链活动分布如图 4.16 所示。

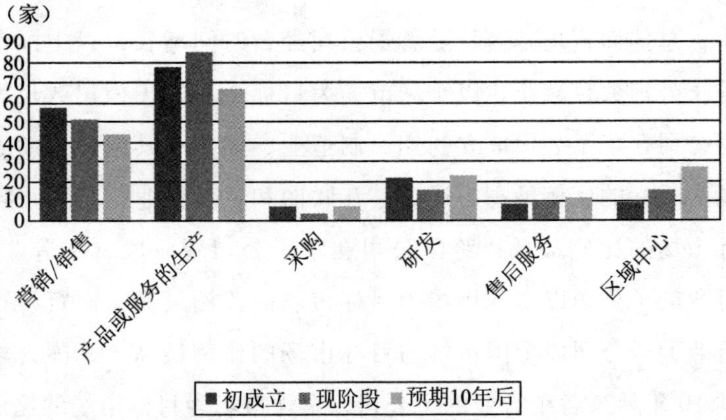

图 4.16　不同时期跨国公司在华子公司价值链活动

从图中可知，跨国公司在华子公司多半从事产品或服务的生产活动，但是随着子公司经营年限的增长，从事这一价值链活动的企业数目将逐渐减少；发挥区域中心职能的子公司数目虽然较少，但保持着持续增多的趋势，而从事营销/销售的子公司数目虽然较多，但是随着经营年限的增长这一数目在逐渐减少。

本调查中跨国公司在华子公司价值链采用多选题的形式，为了比较子公司所从事价值链活动附加值的高低，本研究选取子公司所从事的价值链活动中附加值最高的取值作为子公司价值链活动附加值。

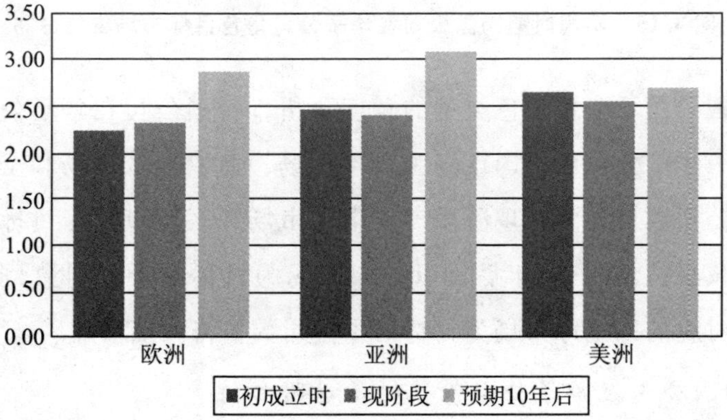

图 4.17　不同国别的跨国公司在华子公司各个时期的价值链活动附加值

由子公司成立初期至现阶段，欧洲国家和亚洲国家的跨国公司在华子公司从事的价值链活动附加值较低，美洲国家的子公司从事的价值链活动较高；而预期 10 年后，美洲国家的跨国公司在华子公司从事的价值链活动附加值的增幅很小，而欧洲国家与亚洲国家的跨国公司在华子公司从事的价值链活动附加值增幅明显，并超过了美洲国家的跨国公司在华子公司。

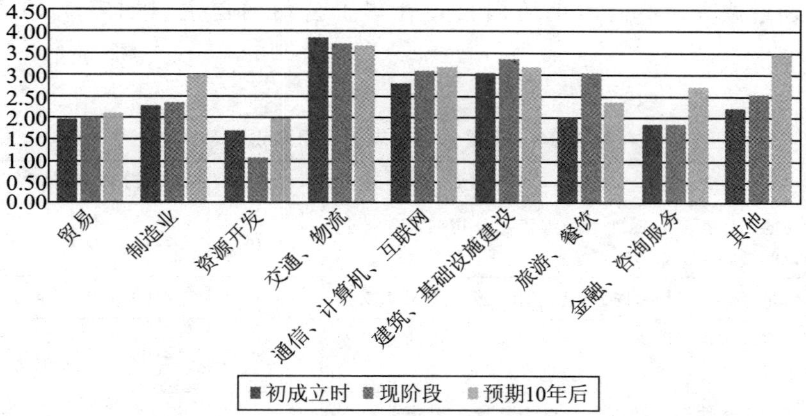

图 4.18 不同行业的跨国公司在华子公司各个时期的价值链活动附加值

不同行业间的跨国公司在华子公司价值链活动的附加值差异较大。其中，从事交通、物流行业的子公司价值链活动附加值最高，而从事资源开发行业的子公司价值链活动附加值最低；除交通物流和旅游、餐饮行业以外，其他各行业的子公司价值链活动附加值预期 10 年后均会提高，增幅最大的行业为制造业、金融咨询行业以及其他行业。

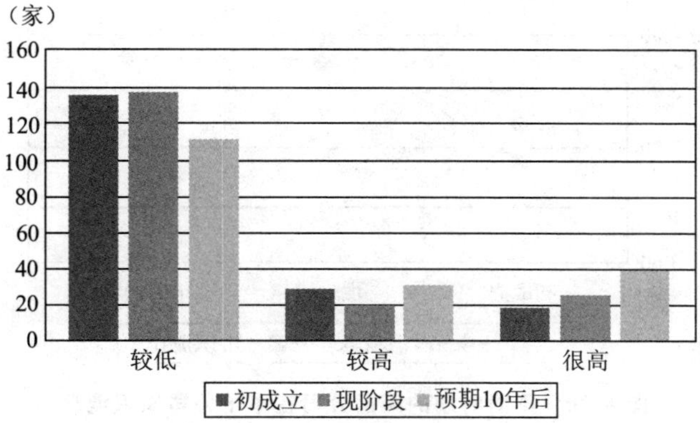

图 4.19 不同时期跨国公司在华子公司角色价值链活动附加值维度分布

从跨国公司子公司角色类型的角度分析，跨国公司在华子公司从事的价值链活动附加值较低，虽然随着跨国公司在华子公司经营时间的增长，子公司价值链活动的附加值升高，但是多半跨国公司在华子公司所从事的价值链活动的附加值仍然较低。

5. 跨国公司在华子公司知识流动

通过调查，不同时期跨国公司在华子公司的自主权如表 4.10 和图 4.20 所示。

表 4.10 跨国公司在华子公司知识流动

指标	初成立	现阶段	预期 10 年后
贵公司的工作在多大程度上受到跨国公司内其他子公司知识的影响	3.78	3.71	3.74
贵公司是否经常得到跨国公司内其他子公司的知识支持	3.89	4.09	4.02
当贵公司的工作需要跨国公司内其他子公司的知识支持时可以迅速得到帮助	3.86	4.06	4.12
贵公司的代表性知识在多大程度上能影响跨国公司内其他子公司的工作	3.73	3.88	3.97
贵公司的代表性知识经常作为其跨国公司内其他子公司的工作提供支持	3.64	3.94	4.16
跨国公司内其他子公司的工作需要贵公司的知识支持，贵公司会迅速行动	3.96	4.15	4.24

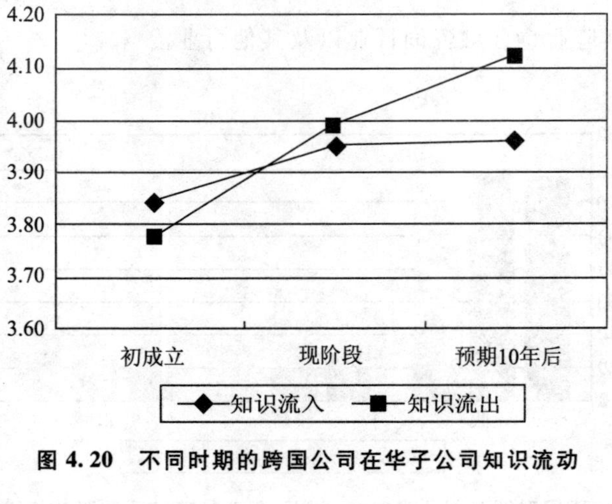

图 4.20 不同时期的跨国公司在华子公司知识流动

由图表中的数据可知，跨国公司在华子公司随着经营时间的不断增长，子公司的知识流入与知识流出会有所增加，并且知识流出的增长幅度高于知识流入，即子公司成立初期，其知识流入高于知识流出，然而现阶段子公司的知识流出已小幅高于知识流入，预期 10 年后，子公司的知识流入增幅较小，而知识流出程度将显著提高。

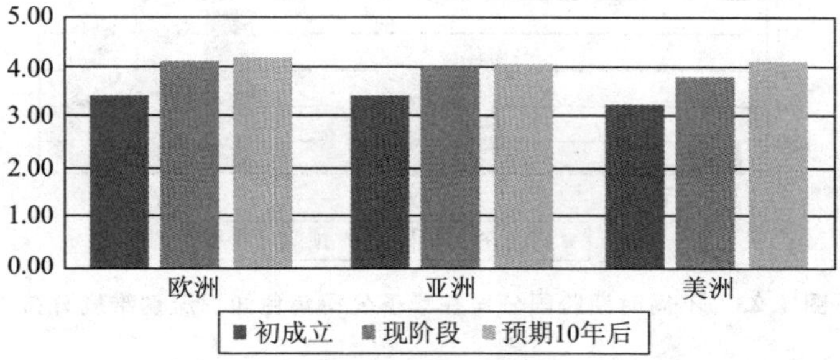

图 4.21　不同国别的跨国公司在华子公司各个时期的知识流动

总体而言，不同国别的跨国公司在华子公司知识流动水平差异不明显，美洲国家的子公司知识流动水平略低；从子公司成立初期至今，知识流动水平增幅较高，而预期 10 年后知识流动水平的增幅较低，尤其是亚洲国家跨国公司在华子公司。

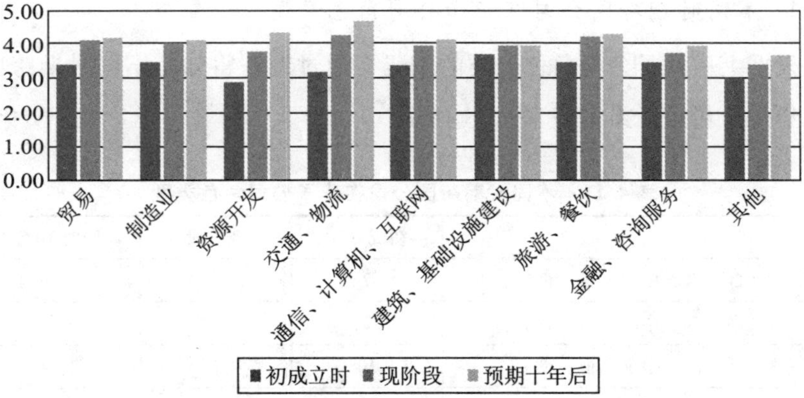

图 4.22　不同行业的跨国公司在华子公司各个时期的知识流动

成立初期，跨国公司在华子公司知识流动的行业间差异较为明显，其中建筑、基础设施建设行业的知识流动水平较高，而资源开发、交通物流行业的知识流动水平较低。但是，这两个行业以及旅游餐饮业的子公司知识流动的增幅较大，预期10年后，交通物流行业子公司的知识流动水平最高，而其他行业的知识流动水平最低。

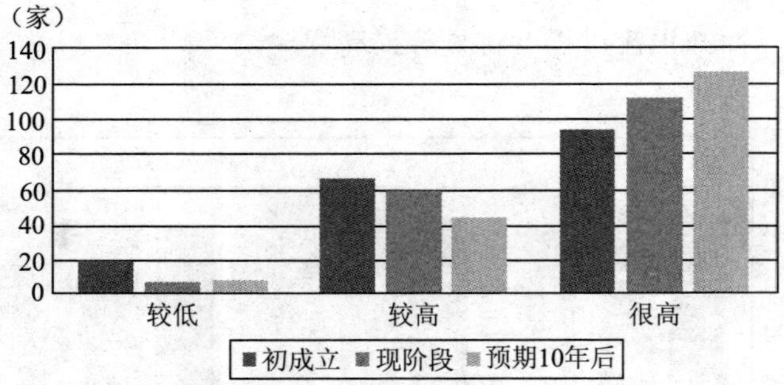

图 4.23 不同时期跨国公司在华子公司角色知识流动维度分布

从跨国公司子公司角色类型的角度分析，跨国公司在华子公司的知识流动水平整体较高，并且随着子公司经营时间的增长，知识流动水平较低以及较高的子公司数目会逐渐减小，而知识流动水平很高的子公司数目则会明显增多。

4.4.2 跨国公司在华子公司角色演化路径

1. 不同时期跨国公司在华子公司角色类型

根据上一章子公司角色分类的编码，通过调查得知，不同时期跨国公司在华子公司角色类型如表 4.11 所示。

表 4.11 不同时期跨国公司在华子公司角色类型

	初成立时	现阶段	预期 10 年后
1（低、低、中国、低、低）	7	—	—
2（高、低、中国、低、低）	2	—	—
3（低、高、中国、低、低）	10	1	2
4（低、低、中国、高、低）	1	—	—
5（低、低、中国、低、高）	2	1	—
6（高、高、中国、低、低）	10	4	2
10（低、高、中国、低、高）	1	2	2

续表

	初成立时	现阶段	预期 10 年后
13（高、高、中国、低、高）	42	53	20
14（高、低、中国、高、高）	1	—	—
16（高、高、中国、高、高）	11	14	9
17（低、低、区域、低、低）	1	—	—
18（高、低、区域、低、低）	1	—	—
22（高、高、区域、低、低）	1	—	1
24（高、低、区域、低、高）	—	1	—
29（高、高、区域、低、高）	29	29	19
31（低、高、区域、高、高）	3	—	—
32（高、高、区域、高、高）	9	12	18
33（低、低、全球、低、低）	3	1	—
38（高、高、全球、低、低）	2	1	1
45（高、高、全球、低、高）	31	46	68
47（低、高、全球、高、高）	1	1	—
48（高、高、全球、高、高）	11	13	37

通过表中数据可知，跨国公司在华子公司成立初期，共有 21 种角色类型，其中子公司自主权较高的有 12 种，共 150 家子公司，占 83.80%；子公司自主权较低的有 9 种，共 29 家子公司，占 16.20%。子公司能力较高的有 13 种，共 161 家子公司，占 89.94%；子公司能力较低的有 8 种，共 18 家子公司，占 10.06%。目标市场为中国市场的有 10 种，共 87 家子公司，占 48.60%；目标市场为区域市场的有 6 种，共 44 家子公司，占 24.58%；目标市场为全球市场的有 5 种，共 48 家子公司，占 26.82%。价值链活动较高的有 7 种，共 37 家子公司，占 20.67%；价值链活动较低的有 14 种，共 142 家子公司，占 73.18%。子公司知识流动较高的有 11 种，共 141 家子公司，占 78.77%；子公司知识流动较低的有 10 种，共 30 家子公司，占 21.23%。

现阶段，跨国公司在华子公司共有 14 种类型，其中子公司自主权较高的有 8 种，共 173 家子公司，占 96.65%；子公司自主权较低的有 6 种，共 6 家子公司，占 3.35%。子公司能力较高的有 11 种，共 176 家子公司，占

98.32%；子公司能力较低的有3种，共3家子公司，占1.68%。目标市场为中国市场的有10种，共87家子公司，占48.60%；目标市场为中国市场的有6种，共75家子公司，占41.90%；目标市场为区域市场的有3种，共42家子公司，占23.46%；目标市场为全球市场的有5种，共62家子公司，占34.64%。价值链活动较高有4种，共40家子公司，占22.35%；价值链活动较低的有10种，共139家子公司，占77.65%。子公司知识流动较高的有7种，共173家子公司，占96.65%；子公司知识流动较低的有7种，共6家子公司，占3.35%。

预期10年后，跨国公司在华子公司共有11种类型，其中子公司自主权较高的有9种，共175家子公司，占97.77%；子公司自主权较低的有2种，共4家子公司，占2.23%。所有子公司的能力均达到较高水平。目标市场为中国市场的有5种，共35家子公司，占19.55%；目标市场为区域市场的有3种，共38家子公司，占21.23%；目标市场为全球市场的有3种，共106家子公司，占59.22%。值链活动较高有3种，共64家子公司，占35.75%；价值链活动较低的有8种，共115家子公司，占64.25%。子公司知识流动较高的有7种，共173家子公司，占96.65%；子公司知识流动较低的有4种，共6家子公司，占3.35%。

通过图表以及上述数据分析可知，跨国公司在华子公司随着经营时间的不断增长，子公司的种类在逐渐减少。在跨国公司在华子公司成立初期和现阶段，子公司数目最多的角色类型为13号角色，即子公司的自主权和能力高、目标市场为中国市场、子公司的价值链活动附加值低并且子公司的知识流动水平高。预期10年后，子公司数目最多的角色类型为35号角色，这一角色类型相较于13号角色，其他维度不变，唯有目标市场范围由中国市场转变为全球市场。因此，跨国公司在华子公司大多为价值链活动附加值低而子公司自主权、能力和知识流动水平高的角色类型。

2. 不同国别的跨国公司在华子公司角色类型

通过调查，不同国别的跨国公司在华子公司各个时期的角色类型如表4.12所示。

表 4.12 不同国别的跨国公司在华子公司角色类型

国别	初成立	现阶段	预期 10 年后
欧洲	1（1）、2（1）、3（2）、5（1）、6（4）、13（15）、14（1）、16（7）、29（9）、32（2）、33（1）、38（1）、45（14）、48（1）	6（4）、13（15）、16（5）、29（7）、32（6）、45（21）、48（2）	6（2）、13（6）、16（6）、29（6）、32（6）、45（27）、48（7）
亚洲	1（2）、3（3）、4（1）、5（1）、6（3）、13（11）、16（4）、17（1）、22（1）、29（14）、31（2）、32（3）、33（1）、38（1）、45（6）、48（4）	13（18）、16（4）、24（1）、29（11）、32（4）、33（1）、38（1）、45（14）、48（4）	13（5）、16（3）、22（1）、29（11）、32（7）、38（1）、45（17）、48（13）
美洲	1（4）、2（1）、3（5）、6（3）、10（1）、13（16）、18（1）、31（1）、32（4）、33（1）、45（11）、47（1）、48（6）	3（1）、5（1）、10（2）、13（20）、16（5）、29（11）、32（2）、45（11）、47（1）、48（7）	3（2）、10（2）、13（9）、29（2）、33（5）、45（24）、48（17）

注：“（ ）”内数字为该种子公司角色类型的数目。

通过图表数据可知，不同国别的跨国公司在华子公司角色类型的构成比例差异不大，总体遵循着初成立时角色种类较为分散，随着在华时间的不断增长，子公司角色种类越来越集中的趋势。具体而言，初成立时，欧洲的跨国公司在华子公司以 13 号型（高、高、中国市场、低、高）子公司居多、亚洲国家以 29 号型（高、高、区域、低、高）子公司居多、而美洲国家以 45 号型（高、高、全球市场、低、高）子公司居多，可以看出，不同国家的跨国公司在华子公司总体而言子公司自主权、子公司能力和子公司知识流动水平均较高，价值链活动附加值较低，不同国别的跨国公司在华子公司目标市场存在差异；现阶段，各国跨国公司在华子公司均以 45 号型子公司居多，即子公司自主权、能力、知识流动水平较高，而价值链活动附加值较低，并且目标市场定位于全球市场；预期 10 年后，各国的跨国公司在华子公司仍以 45 号型子公司居多，并且 48 号型（高、高、全球市场、高、高）子公司比例明显提高，即有相当一部分跨国公司在华子公司开始从事附加值较高的价值链活动。

3. 不同行业的跨国公司在华子公司角色类型

通过调查，不同行业的跨国公司在华子公司各个时期的角色类型如表4.13所示。

表4.13 不同行业的跨国公司在华子公司角色类型

行业	初成立	现阶段	预期10年后
贸易	3（1）、5（2）、13（13）、16（1）、29（5）、33（1）、45（5）、48（2）	5（1）、13（15）、16（2）、29（3）、45（8）、48（1）	3（1）、13（8）、29（2）、32（2）、45（14）、48（3）
制造业	1（3）、3（6）、4（1）、6（5）、10（1）、13（18）、14（1）、16（5）、17（1）、18（1）、29（16）、31（2）、32（7）、33（2）、38（2）、45（18）、47（1）、48（3）	10（2）、13（24）、16（7）、24（1）、29（17）、32（7）、33（1）、38（1）、45（29）、47（1）、48（3）	10（2）、13（6）、16（6）、29（11）、32（9）、38（1）、45（36）、48（22）
资源开发	13（1）、45（2）	13（2）、45（1）	13（1）、45（2）
交通、物流	3（1）、13（1）、29（1）、32（1）、48（2）	3（1）、13（1）、29（1）、32（1）、48（2）	3（1）、13（1）、32（1）、45（1）、48（2）
通信、计算机、互联网	1（1）、13（3）、16（2）、29（1）、32（1）、45（3）、48（3）	13（2）、16（1）、32（1）、45（5）、48（5）	13（1）、29（1）、32（1）、45（6）、48（5）
通信、基础设施建设	6（1）、16（1）、29（2）、31（1）、45（1）	13（1）、16（2）、29（1）、32（1）、45（1）	16（1）、29（1）、32（1）、45（2）、48（1）
旅游、餐饮	6（1）、13（2）、29（2）、45（1）	6（1）、13（2）、16（1）、29（1）、32（1）	6（1）、13（2）、32（1）、45（2）
金融、咨询服务	3（1）、6（2）、13（2）、29（1）、48（1）	6（3）、13（2）、29（1）、48（1）	6（1）、16（1）、29（3）、45（1）、48（1）
其他	1（3）、2（2）、3（1）、6（1）、13（2）、16（2）、22（1）、29（1）、45（1）	13（4）、16（1）、29（5）、32（1）、45（2）、48（1）	13（1）、16（1）、22（1）、29（1）、32（3）、45（4）、48（3）

注："（ ）"内数字为该种子公司角色类型的数目。

通过表中数据可知，不同行业的跨国公司在华子公司角色类型存在差异。贸易业的跨国公司在华子公司初成立时和现阶段 13 号型（高、高、中国市场、低、高）子公司数目较多，而预期 10 年后 45 号型（高、高、全球市场、低、高），即该行业子公司自主权、能力、知识流动水平均较高，然而价值链活动附加值较低，随着经营时间的增长，其目标市场将从中国市场逐渐转变为全球市场；制造业的跨国公司在华子公司初成立时和现阶段 13 号型（高、高、中国市场、低、高）和 45 号型（高、高、全球市场、低、高）较多，而预期 10 年后，45 号型和 48 号型（高、高、全球市场、高、高）较多，即该行业的子公司自主权、能力、知识水平价高，并且目标市场范围和从事的价值链活动附加值也随时间不断增长；其他行业因为调研数目较少，子公司角色种类分布较为分散，总体而言 13 号型、45 号型和 48 号型子公司居多，并且总体发展趋势也与贸易业和制造业子公司类似。

4. 不同时期的跨国公司在华子公司角色演化路径

根据上一章的理论模型，跨国公司在华子公司角色演化主要可分为发展型、稳定型、退化型和波动型 4 种。通过调查可知不同时期跨国公司子公司角色演化路径如表 4.14 所示。

表 4.14 不同时期跨国公司在华子公司角色演化路径

	初成立~现阶段	现阶段~预期 10 年后	初成立~预期 10 年后
发展型	74	84	96
稳定型	74	82	57
退化型	31	13	11
波动型	—	—	15

通过表中数据可知，跨国公司在华子公司从成立初期至今，角色演化路径为发展型的子公司共 74 家，占 41.34%；稳定型的子公司共 74 家，占 41.34%；退化型子公司共 31 家，占 17.32%。跨国公司在华子公司从现阶段到预期 10 年后，角色演化路径为发展型的子公司共 84 家，占 46.93%；稳定型的子公司共 82 家，占 45.81%；退化型子公司共 13 家，占 7.26%。跨国公司在华子公司从成立初期至预期 10 年后，角色演化路径为发展型的

子公司共96家，占53.63%；稳定型的子公司共57家，占31.84%；退化型子公司共11家，占6.15%；波动型子公司共15家，占8.38%。

5. 不同国别的跨国公司在华子公司角色演化路径

通过调查，不同国别的跨国公司在华子公司各个时期的角色演化路径如图4.24所示。

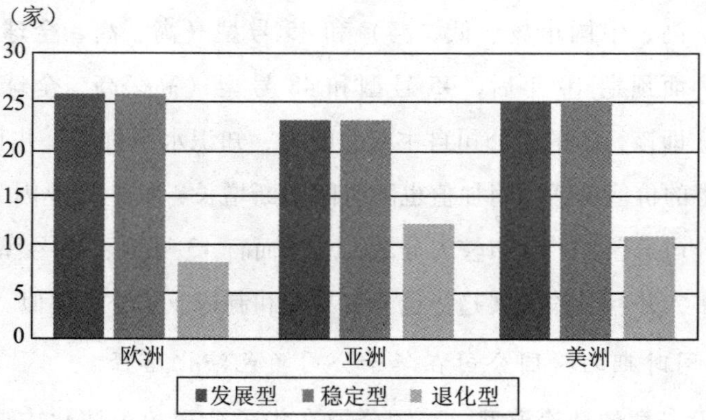

图4.24 不同国别的跨国公司在华子公司成立初期至今角色演化路径

总体而言，不同国别的跨国公司在华子公司成立初期至今的角色演化路径比例大致相同，以发展型与稳定型居多，而退化型较少。其中，发展型和稳定型角色演化路径的子公司中，欧洲的跨国公司和美洲的跨国公司比例较高；而退化型角色演化路径的子公司中，亚洲的跨国公司比例最高，而欧洲的跨国公司比例最低。

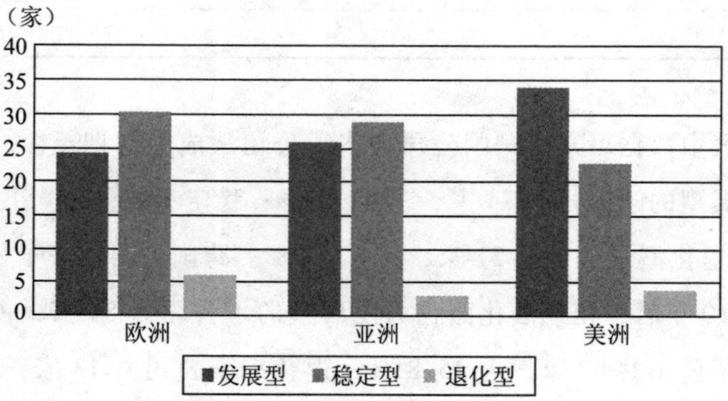

图4.25 不同国别跨国公司在华子公司现阶段至预期10年后角色演化路径

不同国别的跨国公司在华子公司现阶段至预期 10 年后角色演化路径各不相同。其中，欧洲和亚洲的跨国公司在华子公司角色演化路径中稳定型的居多，而美洲的跨国公司在华子公司角色演化路径中发展型的较多；就发展型子公司角色演化路径而言，美洲的跨国公司在华子公司的比例最高，而欧洲的最低；稳定型的子公司角色演化路径中，欧洲的跨国公司在华子公司的比例最高、美洲的最低；退化型子公司角色演化路径中，欧洲的跨国公司在华子公司的比例最高，亚洲的最低。

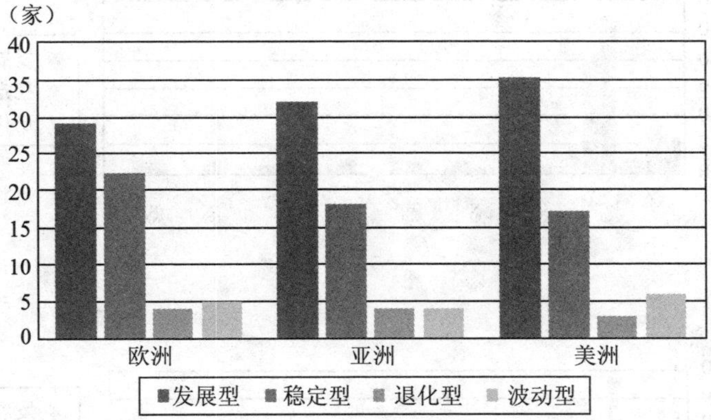

图 4.26　不同国别的跨国公司在华子公司成立初期至预期 10 年后角色演化路径

不同国别的跨国公司在华子公司成立初期至预期 10 年后角色演化路径中，各个地区的跨国公司在华子公司角色演化均以发展型居多，退化型最少。其中，发展型子公司角色演化路径中，美洲的跨国公司在华子公司比例最高而欧洲的比例最低；稳定型的子公司角色演化路径则相反；退化型和波动型的子公司角色演化中各个地区的跨国公司在华子公司比例相当。

6. 不同行业的跨国公司在华子公司角色演化路径

通过调查，不同行业的跨国公司在华子公司各个时期的角色演化路径如图 4.27 所示。

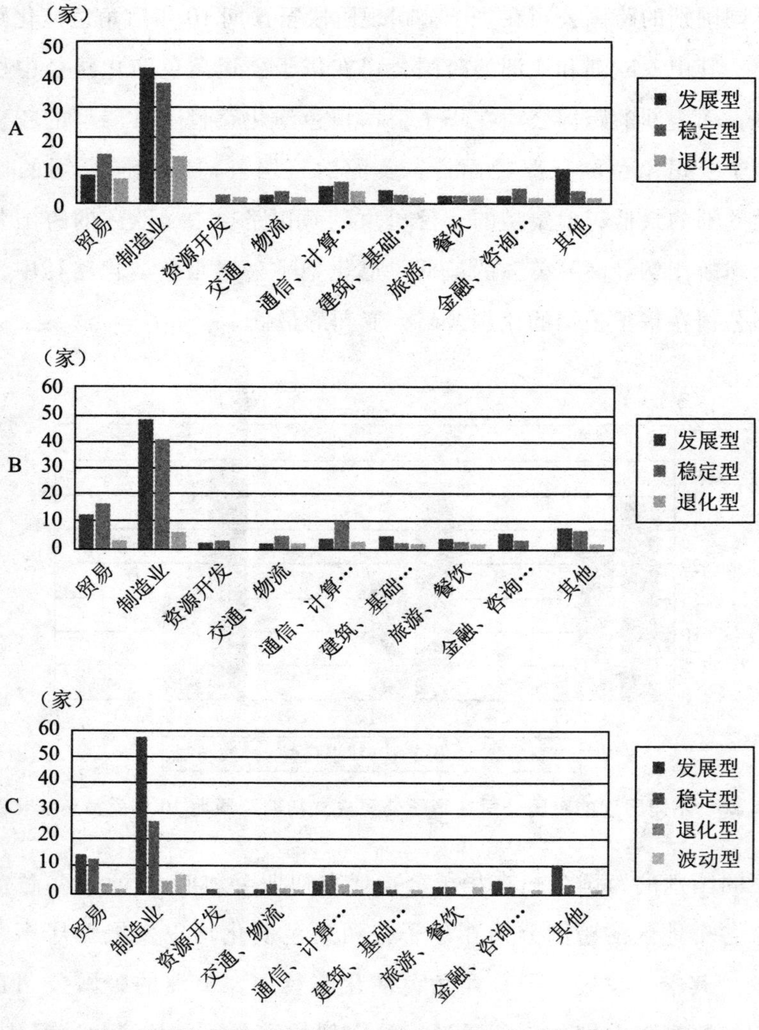

图 4.27　不同行业的跨国公司在华子公司各个时期角色演化路径

说明：A 为成立初期；B 为现阶段；C 为预期 10 年后。

跨国公司在华子公司成立初期至今，不同行业的子公司角色演化路径差异较大。其中，制造业、建筑和其他行业的子公司角色演化路径发展型居多、稳定型次之而退化型最少；贸易、交通物流、通信和金融行业的子公司角色演化路径稳定型居多、发展型次之、退化型最少。而旅游行业的子公司各种角色演化路径数目相等。不同行业的跨国公司在华子公司现阶段至预期 10 年后角色演化路径的比例与其自初成立时期至今大致相当。区别在于金融咨询行业的子公司角色演化路径中发展型增多、稳定型减少并且退化型为零。另外，旅游餐饮行业的子公司角色演化路径中发展型增多、退化型减少。跨国公司在华子公司成立初期至预期 10 年后，贸易、制造业、基础设施建设、金融和其他行业的子公司发展型角色演化的比例较高，尤其是制造业；交通物流、计算机通信以及餐饮行业的子公司稳定型角色演化的比例较高；资源开发行业的子公司角色演化趋于稳定型；各个行业均存在波动型演化，但是比例较低；资源开发、建筑、旅游、金融以及其他行业不存在退化型角色演化。

4.5 本章小结

本章对跨国公司在华子公司角色类型以及演化路径进行了调查。在问卷设计方面，本书尽量采用科学、合理的步骤进行，在大量阅读文献的基础上提出了各个构念的测量指标。在数据收集方面，采用了 2 种数据收集方式，并对不同方式回收的数据进行了质量监测以确保数据的可靠性和有效性。随后，本章对量表的信度和效度进行了检验。最后，本章归纳总结了跨国公司在华子公司的角色类型以及角色演化路径的调查结果，并通过不同时期、不同国别以及不同行业 3 方面分别加以比较分析。调查结果表明，跨国公司在华子公司角色中的自主权、能力和知识流动水平较高，价值链活动附加值较低并且目标市场由中国市场向全球市场转变；跨国公司在华子公司角色演化路径中发展型居多、稳定型次之、波动型与退化型较少。

第5章 基于跨国公司竞争战略的在华子公司角色演化影响因素实证研究

本章根据前文提出的基于跨国公司竞争战略的子公司角色演化影响因素概念模型，通过对相关文献的回顾与梳理，提出了本书的研究假设。随后，本章对跨国公司在华子公司的相关现状进行问卷调查，利用二元逻辑回归、T检验、方差分析以及结构方程模型等统计研究方法，对假设进行验证并对调查结果和模型结果进行讨论和分析。

5.1 假设设定

5.1.1 跨国公司竞争战略与子公司角色演化

1. 跨国公司竞争战略与子公司股权模式

Hill, Hwang 和 Kim（1990）①、Kim 和 Hwang（1992）② 在 Anderson 和 Gatignon（1986）③ 的交易成本理论分析框架的基础上研究了企业战略、环境等因素对跨国公司子公司股权模式决策的影响，他们认为，采用全球标准化战略时跨国公司需要选择高控制模式来达到全球生产的合理化配置，从而取得规模经济；采用多国战略时，跨国公司应给予子公司足够的自主

---

① Hill C W L, Hwang P, Kim W C. An eclectic theory of the choice of international entry mode [J]. *Strategic Management Journal*, 1990, 11 (2): 117-128.

② Kim W C, Hwang P. Global strategy and multinationals' entry mode choice [J]. *Journal of International Business Studies*, 1992: 29-53.

③ Anderson E, Gatignon H. Modes of foreign entry: A transaction cost analysis and propositions [J]. *Journal of International Business Studies*, 1986: 1-26.

权因而相应地采取低控制模式；采用国际化战略时，跨国公司为了能够进行全球战略控制和规划，需要采取高控制模式进入国际市场以获得竞争优势。因此，本书得出假设：

H1：全球标准化战略与子公司采取独资模式存在正相关关系。

H2：多国战略与子公司采取合资模式存在正相关关系。

H3：跨国战略与子公司采取独资模式存在正相关关系。

2. 跨国公司竞争战略与子公司市场进入方式

跨国公司采取并购的市场进入方式通常是为了增加子公司的市场力量、克服市场进入壁垒、降低产品创新的成本或生产周期，提高对市场的反应速度和实现多元化（Hitt, et al., 2001）①。因此跨国公司实施多国战略时，由于需要根据东道国市场需求以及政策要求改进产品，因此采取并购的方式更能获得本土企业经营多年所积累的产业经营知识，并降低投资者在新产业的经营壁垒（Hennart & Park, 1993）②；同理，跨国公司为了快速获取当地市场与经营知识时更倾向于并购，因此实施跨国战略时子公司通常采取并购的市场进入方式。进而，本书得出假设：

H4：多国战略与子公司采取并购存在正相关关系。

H5：跨国战略与子公司采取并购存在正相关关系。

3. 子公司股权模式与子公司角色

母公司对子公司的股权比例体现了子公司对母公司的法定依赖，因此，母公司拥有的股权比例越高，对子公司的控制程度越高（Garnier, 1982）③。Gates 等（1986）④ 也认为，若母公司拥有子公司的股权比例越

---

① Hitt M A, Ireland R D, Camp S M, et al. Strategic entrepreneurship: Entrepreneurial strategies for wealth creation [J]. *Strategic Management Journal*, 2001, 22 (6-7): 479-491.

② Hennart J F, Park Y R. Greenfield vs. acquisition: The strategy of Japanese investors in the United States [J]. *Management science*, 1993, 39 (9): 1054-1070.

③ Garnier G H. Context and decision making autonomy in the foreign affiliates of US multinational corporations [J]. *Academy of Management Journal*, 1982, 25 (4): 893-908.

④ Gates S R, Egelhoff W G. Centralization in headquarters-subsidiary relationships [J]. *Journal of International Business Studies*, 1986: 71-92.

低，则子公司对母公司的依赖会减少，而外部利益相关者将更有影响力，在两股控制力量的消长之下，子公司越有可能获得较高的决策自主权。因此，本书得出假设：

H6：子公司的股权模式与子公司自主权存在相关关系。

4. 子公司市场进入方式与子公司角色

子公司市场进入方式对子公司的自主权会产生影响（Belizón，et al.，2014）①。具体而言，通过并购形成的子公司通常因历史悠久而倾向于维持自身结构，因此母公司会赋予其较大的自主权（Garnier，1982）。并且，母公司采取并购的市场进入方式通常是为了获取自身所不具备的专业知识，因而母公司对子公司的干涉会较少（Hedlund，1981）②。而采取新建模式的子公司通常使为了执行母公司指派的任务，为了任务的顺利达成，母公司通常会给予子公司更多的控制。因此，本书得出假设：

H7：子公司市场进入方式与子公司自主权存在相关关系。

子公司通过并购一方面能够提高子公司和被并购企业的效率，从而获得协同效应（Jensen & Ruback，1983）③，另一方面能够获取东道国企业的渠道资源与管理经验，从而提高子公司自身的能力，而采取新建方式的跨国公司子公司通常难以获得这些资源（Williams，2005）④。因此，本书得出假设：

H8：子公司市场进入方式与子公司能力存在相关关系。

资源基础论认为跨国公司采取并购的动机是为了利用资源和寻找资源

① Belizón M J，Gunnigle P，Morley M J，et al. Subsidiary autonomy over industrial relations in Ireland and Spain [J]. *European Journal of Industrial Relations*，2014，20（3）：237-254.

② Hedlund G. Autonomy of subsidiaries and formalization of headquarters-subsidiary relationships in Swedish MNCS. IN L. Otterbeck（ed.），The Management of Headquarters-subsidiary Relationships in Multinational Corporations [M]. St. Martin Press，1981.

③ Jensen M C，Ruback R S. The market for corporate control：The scientific evidence [J]. *Journal of Financial Economics*，1983，11（1）：5-50.

④ Williams D. Supplier linkages of foreign-owned manufacturing firms in the UK：the influence of entry mode，subsidiary autonomy and nationality [J]. *European Planning Studies*，2005，13（1）：73-91.

(Yiu & Makino, 2002)①，其中利用资源是指跨国公司子公司利用母公司先进的管理知识和能力，在东道国市场发挥自身的优势；寻找资源是为了学习东道国的管理知识和经验以增强跨国公司的核心能力。越来越多的学者认识到跨国公司子公司的知识创造与知识转移对母公司以及其他子公司有重要的贡献（Crespo, Griffith & Lages, 2014; Roth et al., 2009)②③，而子公司采取新建还是并购的市场进入方式也会对母子公司以及子公司之间的知识流动产生影响（Mudambi, Piscitello & Rabbiosi, 2014)④。因此，本书得出假设：

H9：子公司市场进入方式与子公司知识流动存在相关关系。

5. 跨国公司竞争战略与子公司角色

以往的研究表明，跨国公司竞争战略会影响子公司自主权（De Jong & Van Vo, 2010)⑤。跨国公司子公司通常会寻求更高的自主权（Ambos, Andersson & Birkinshaw, 2010; Chini, Ambos & Wehle, 2005)⑥⑦，尤其是当该子公司所处的市场战略重要性高，需要采取当地化市场活动，并且子公司自信能够充分地满足当地营销需求的时候（Homburg & Prigge, 2014)⑧。具体而言，跨国公司实施多国战略时，当地化的产品结构是子公

---

① Yiu D, Makino S. The choice between joint venture and wholly owned subsidiary: An institutional perspective [J]. *Organization Science*, 2002, 13 (6): 667-683.

② Crespo C F, Griffith D A, Lages L F. The performance effects of vertical and horizontal subsidiary knowledge outflows in multinational corporations [J]. *International Business Review*, 2014, 23 (5): 993-1007.

③ Roth M S, Jayachandran S, Dakhli M, et al. Subsidiary use of foreign marketing knowledge [J]. *Journal of International Marketing*, 2009, 17 (1): 1-29.

④ Mudambi R, Piscitello L, Rabbiosi L. Reverse knowledge transfer in MNEs: subsidiary innovativeness and entry modes [J]. *Long Range Planning*, 2014, 47 (1): 49-63.

⑤ De Jong G, Van Vo D. The impact of the institutional environment on the autonomy of MNCs' subsidiaries [J]. *Problems and Perspectives in Management*, 2010, 8 (2): 53-63.

⑥ Ambos T C, Andersson U, Birkinshaw J. What are the consequences of initiative-taking in multinational subsidiaries&quest [J]. *Journal of International Business Studies*, 2010, 41 (7): 1099-1118.

⑦ Chini T, Ambos B, Wehle K. The Headquarters-subsidiaries Trench: Tracing Perception Gaps Within The Multinational Corporation [J]. *European Management Journal*, 2005, 23 (2): 145-153.

⑧ Homburg C, Prigge J K. Exploring Subsidiary Desire for Autonomy: A Conceptual Framework and Empirical Findings [J]. *Journal of International Marketing*, 2014, 22 (4): 21-43.

司需要更多的自主权以满足东道国市场或法律法规方面的需要；子公司的技术创新能力会增加其对总部策略和决策的影响力（王珏等，2010）[①]。实施跨国战略的子公司注重学习与科技创新，鉴于子公司的自主权程度是子公司和母公司讨价还价的结果，因此具备技术创新能力的子公司倾向于拥有更多的自主权（Coff，1999）[②]。并且，当发展中国家的跨国公司子公司实施跨国战略时，拥有较高的自主权可以使子公司避免母公司管理上的不足，更好地完成当地的生产经营活动（Wang，Luo & Lu，2013）[③]。因此，本书得出假设：

H10：多国战略与子公司的自主权存在正相关关系。

H11：跨国战略与子公司自主权存在正相关关系。

跨国公司为了实现全球竞争优势而将其战略能力在不同的子公司之间进行分配（Kogut & Zander，1993）[④]。实施多国战略时，跨国公司子公司必须差异化自己的产品结构以适应当地的市场需求和政策需要（Harzing，2000）[⑤]，因此这些子公司需要提高自身的适应能力来应对东道国不断变化的市场环境（Lin，2014）[⑥]；而实施跨国战略时，跨国公司子公司需要兼顾全球一体化与当地化，进而增强了其运营管理的灵活性（O' Donnell，

---

① 王珏，林肇宏，熊立．跨国公司子公司自主权决定因素及其技术贡献研究［J］．管理世界，2010，5：184-185.

② Coff R W. When competitive advantage doesn't lead to performance: The resource-based view and stakeholder bargaining power [J]. *Organization Science*, 1999, 10 (2): 119-133.

③ Wang S L, Luo Y, Lu X, et al. Autonomy delegation to foreign subsidiaries: An enabling mechanism for emerging-market multinationals [J]. *Journal of International Business Studies*, 2013, 45 (2): 111-130.

④ Kogut B, Zander U. Knowledge of the firm and the evolutionary theory of the multinational corporation [J]. *Journal of International Business Studies*, 1993: 625-645.

⑤ Harzing A W. An empirical analysis and extension of the Bartlett and Ghoshal typology of multinational companies [J]. *Journal of International Business Studies*, 2000: 101-120.

⑥ Lin L H. Subsidiary performance: The contingency of multinational corporation's international strategy [J]. *European Management Journal*, 2014, 32 (6): 928-937.

2000；Luo，1999）①②。因此，本书得出假设：

H12：多国战略与子公司能力存在正相关关系。

H13：跨国战略与子公司能力存在正相关关系。

跨国公司子公司不仅要应对东道国市场的需求，必要时还需面对全球市场从事出口贸易（Estrin，Baghdasaryan & Meyer，2009）③。实施全球标准化战略的跨国公司子公司产品结构单一并面向全球市场，实施多国战略的跨国公司主要为满足东道国市场需要而对产品进行当地化改进，因此主要目标市场是东道国市场和区域市场（Ghoshal，1987）④。因此，本书得出假设：

H14：全球标准化战略与子公司目标市场范围存在正相关关系。

H15：多国战略与子公司目标目标市场范围存在负相关关系。

跨国战略的实施增加了跨国公司的内部贸易，它不仅增强了跨国公司母子公司之间的战略协调与知识流动，同时也增强了子公司之间的知识流动（Meyer & Su，2015）⑤。具体而言，现阶段的跨国公司需要协调在不同经营环境中的子公司活动以获取竞争优势（Andersson，Forsgren & Holm，2007）⑥，因此跨国公司子公司通过在东道国生产经营所产生和积累的知识需要更多地向跨国公司母公司以及跨国公司网络内其他子公司

---

① O' Donnell S W. Managing foreign subsidiaries：agents of headquarters，or an interdependent network？［J］. *Strategic Management Journal*，2000，21（5）：525-548.

② Luo Y. International strategy and subsidiary performance in China［J］. *Thunderbird International Business Review*，1999，41（2）：153-178.

③ Estrin S，Baghdasaryan D，Meyer K E. The impact of institutional and human resource distance on international entry strategies［J］. *Journal of Management Studies*，2009，46（7）：1171-1196.

④ Ghoshal S. Global strategy：An organizing framework［J］. *Strategic Management Journal*，1987，8（5）：425-440.

⑤ Meyer K E，Su Y S. Integration and responsiveness in subsidiaries in emerging economies［J］. *Journal of World Business*，2015，50（1）：149-158.

⑥ Andersson U，Forsgren M，Holm U. Balancing subsidiary influence in the federative MNC：A business network view［J］. *Journal of International Business Studies*，2007，38（5）：802-818.

传递（Gnyawali & Singal, 2009；Almeida & Phene, 2004）[①][②]。因此，本书得出假设：

H16：跨国战略与子公司知识流动存在正相关关系。

5.1.2 其他因素与子公司角色

1. 子公司能动性与子公司角色

子公司的能动性通常伴随着较低的一体化程度和较高的自主权水平（Krishnan, 2006）[③]，子公司积极采取自主行为能够提高子公司的自主权水平（Raziq, Borini & Perry, 2014；Ambos, Andersson & Birkinshaw, 2010）[④][⑤]。具体而言，子公司决策自主权的达成是因为子公司在跨国公司中是一个创新性的独立体，特别是其技术能力的累积（Pearce, 1999）[⑥]。只有当子公司向母公司证明其有能力时，母公司的控制程度才会降低（Roth & Morrison, 1992）[⑦]。同时，子公司的能动性有助于改善其在跨国公司内部网络中的地位（Phelps & Fuller, 2000）[⑧]，提高其战略重要性（Delany, 2000）[⑨]，进而提高子公司与母公司讨价还价的能力。因此，本

---

① Gnyawali D R, Singal M. Knowledge ties among subsidiaries in MNCs: A multi-level conceptual model [J]. *Journal of International Management*, 2009, 15 (4): 387-400.

② Almeida P, Phene A. Subsidiaries and knowledge creation: The influence of the MNC and host country on innovation [J]. *Strategic Management Journal*, 2004, 25 (8-9): 847-864.

③ Krishnan R T. Subsidiary initiative in Indian software subsidiaries of MNCs [J]. *Vikalpa*, 2006, 31 (1): 61-71.

④ Raziq M M, Borini F M, Perry M. Subsidiary initiatives and subsidiary autonomy: Evidence from New Zealand and Brazil [J]. *International Entrepreneurship and Management Journal*, 2014, 10 (3): 589-605.

⑤ Ambos T C, Andersson U, Birkinshaw J. What are the consequences of initiative-taking in multinational subsidiaries & quest [J]. *Journal of International Business Studies*, 2010, 41 (7): 1099-1118.

⑥ Pearce R. The evolution of technology in multinational enterprises: the role of creative subsidiaries [J]. *International Business Review*, 1999, 8 (2): 125-148.

⑦ Roth K, Morrison A J. Implementing global strategy: Characteristics of global subsidiary mandates [J]. *Journal of International Business Studies*, 1992: 715-735.

⑧ Phelps N A, Fuller C. Multinationals, Intracorporate Competition, and Regional Development [J]. *Economic Geography*, 2000, 76 (3): 224-243.

⑨ Delany E. Strategic development of the multinational subsidiary through subsidiary initiative-taking [J]. *Long Range Planning*, 2000, 33 (2): 220-244.

书得出假设：

H17：子公司能动性与子公司自主权存在正相关关系。

根据 Lumpkin 和 Dess（2001）[①] 提出的“（行为）主动趋势（Proactive tendency）”原理，如果行为主体的主动性高并付诸实践，那么这种积极性最终会转化为现实的绩效。子公司的自主行为有助于增强子公司自身的技术以及管理能力（Sargent & Matthews，2006）[②]，子公司每一个成功的自主性活动都会对自身能力的增长提供帮助（张晓燕，2008；Birkinshaw，1999）[③][④]。因此，本书得出假设：

H18：子公司能动性与子公司能力存在正相关关系。

子公司的自主权与自主行为能够加快其对当地市场的反映，因而有利于增强其战略目标的实现程度（胡玲，2012）[⑤]，而企业价值目标的实现和企业战略的实施取决于企业的业务流程组合（薛春芳，2013）[⑥]，因此子公司的能动性越高，其对改进自身价值链组合的意愿就越强烈。并且，研究结果表明，能动性高的子公司通常不愿意安于从事价值链低端的生产活动，它们会努力向价值链上游转移（Pananond，2013）[⑦]，实现产业升级（Sargent，Matthews，2006）[⑧]。因此本书得出假设：

---

① Lumpkin G T, Dess G G. Linking two dimensions of entrepreneurial orientation to firm performance: The moderating role of environment and industry life cycle [J]. *Journal of Business Venturing*, 2001, 16 (5): 429-451.

② Sargent J, Matthews L. The drivers of evolution/upgrading in Mexico's maquiladoras: How important is subsidiary initiative? [J]. *Journal of World Business*, 2006, 41 (3): 233-246.

③ 张晓燕．跨国公司子公司自主性活动研究—从有限理性角度的分析［J］．管理评论，2012，24：26-66.

④ Birkinshaw J. The determinants and consequences of subsidiary initiative in multinational corporations [J]. *Entrepreneurship Theory and Practice*, 1999, 24 (1): 9-36.

⑤ 胡玲．跨国公司在华子公司的战略地位、自主权及其绩效研究［J］．科学学与科学技术管理，2012，11：134-142.

⑥ 薛春芳．面向竞争优势的企业价值链活动优化管理研究［J］．当代经济，2013，21：52-55.

⑦ Pananond P. Where do we go from here?: Globalizing subsidiaries moving up the value chain [J]. *Journal of International Management*, 2013, 19 (3): 207-219.

⑧ Sargent J, Matthews L. The drivers of evolution/upgrading in Mexico's maquiladoras: How important is subsidiary initiative? [J]. *Journal of World Business*, 2006, 41 (3): 233-246.

H19：子公司能动性与子公司价值链活动附加值存在正相关关系。

子公司能动性越高，则其对母公司以及跨国公司网络内部的其他子公司的贡献较大（Delany, 2000）①。具体而言，子公司的能力可以通过知识流动，以组织学习的方式通过跨国公司内部网络被母公司或其他子公司掌握，从而实现母子公司的双赢（Birkinshaw et al., 1998; Rugman & Verbeke, 2001）②③。基于此，本书得出假设：

H20：子公司能动性与子公司知识流动存在正相关关系。

2. 子公司任务与子公司角色

以往的研究表明，子公司的经营目的会影响子公司的自主权（Pisoni, Fratocchi & Onetti, 2013）④，如寻求战略资源型子公司需要嵌入当地关系网络以获取知识与资源，而这一部分资源跨国公司的其他单位无法获取，因此子公司越是嵌入到当地网络中，子公司的自主权越高（Anderson & Forsgren, 1996）⑤。进而，本书得出假设：

H21：子公司经营目的与子公司自主权存在相关关系。

3. 东道国环境与子公司角色

子公司自主权会受到东道国环境的影响（De Jong & Van Vo, 2010）⑥。技术创新能力是跨国公司在国外市场确立优势地位的关键性来源（Young

① Delany E. Strategic development of the multinational subsidiary through subsidiary initiative-taking [J]. *Long Range Planning*, 2000, 33 (2): 220-244.

② Birkinshaw J, Hood N, Jonsson S. Building firm-specific advantages in multinational corporations: The role of subsidiary initiative [J]. *Strategic Management Journal*, 1998, 19 (3): 221-242.

③ Rugman A M, Verbeke A. Subsidiary-specific advantages in multinational enterprises [J]. *Strategic Management Journal*, 2001, 22 (3): 237-250.

④ Pisoni A, Fratocchi L, Onetti A. Subsidiary autonomy in transition economies: Italian SMEs in Central and Eastern European countries [J]. *Journal for East European Management Studies*, 2013: 336-370.

⑤ Andersson U, Forsgren M. Subsidiary embeddedness and control in the multinational corporation [J]. *International Business Review*, 1996, 5 (5): 487-508.

⑥ De Jong G, Van Vo D. The impact of the institutional environment on the autonomy of MNCs' subsidiaries [J]. *Problems and Perspectives in Management*, 2010, 8 (2): 53-63.

& Lan, 1997)①，当技术发展迅速并且难以预测时子公司的自主权水平通常较高（Kawai & Strange, 2014)②。Andersson 等（2002)③ 认为，源于东道国的技术流入会提高子公司的绩效，而子公司绩效的提高往往能使子公司获得更多的自主权。因此，本书得出假设：

H22：东道国环境优势与子公司自主权存在正相关关系。

子公司技术能力的提高一方面受到母公司的影响，一方面也受到东道国环境，特别是东道国供应链质量的影响（Tseng & Chen, 2014)④。并且，企业竞争能力的提高需要专业化的配套资产，子公司如果在可获得的资源充足的东道国，则通常会具有较高的竞争能力（Benito, Grogaard & Narula, 2003)⑤，即东道国环境优势对子公司竞争能力的提高有重要影响（Andersson, Dellestrand & Pedersen, 2014)⑥。此外，东道国竞争程度的高低也对子公司的知识管理能力有正向影响（Cui, Griffith & Cavusgil, 2005)⑦。因此，本书得出假设：

H23：东道国环境优势与子公司能力存在正相关关系。

当跨国公司的价值链活动都在子公司所在地进行时，表明子公司当地

---

① Young S, Lan P. Technology transfer to China through foreign direct investment [J]. *Regional studies*, 1997, 31 (7): 669-679.

② Kawai N, Strange R. Subsidiary autonomy and performance in Japanese multinationals in Europe [J]. *International Business Review*, 2014, 23 (3): 504-515.

③ Andersson U, Forsgren M, Holm U. The strategic impact of external networks: subsidiary performance and competence development in the multinational corporation [J]. *Strategic Management Journal*, 2002, 23 (11): 979-996.

④ Tseng C H, Chen L T. Determinants of subsidiary's technological capability-examining the roles of subsidiary-local supplier linkage [J]. *Journal of Business & Industrial Marketing*, 2014, 29 (5): 374-386.

⑤ Benito G R G, Grøgaard B, Narula R. Environmental influences on MNE subsidiary roles: economic integration and the Nordic countries [J]. *Journal of International Business Studies*, 2003, 34 (5): 443-456.

⑥ Andersson U, Dellestrand H, Pedersen T. The contribution of local environments to competence creation in multinational enterprises [J]. *Long Range Planning*, 2014, 47 (1): 87-99.

⑦ Cui A S, Griffith D A, Cavusgil S T. The influence of competitive intensity and market dynamism on knowledge management capabilities of multinational corporation subsidiaries [J]. *Journal of International Marketing*, 2005, 13 (3): 32-53.

市场的重要性（邢彦玲，2006）[①]，并且，当地市场的重要性越高，则子公司的价值链活动的附加值越高。因此，本书得出假设：

H24：东道国环境优势与子公司价值链活动附加值存在正相关关系。

东道国知识在跨国公司子公司的生产经营中发挥着极其重要的作用（Dunning，1993）[②]。当一国的资源要素或辅助行业优势明显并且市场规模大且制度完善时，跨国公司子公司倾向于利用当地市场机会（Shroff，Verdi & Yu，2013）[③]，并更易于获取东道国的知识（林花，2014）[④]。因此，本书得出假设：

H25：东道国环境优势与子公司知识流动存在正相关关系。

5.1.3　子公司角色演化与跨国公司竞争战略

特许是指由母公司授予的、子公司参与实施并负有责任的业务或业务要素，子公司能力的提升会导致特许的扩大，即子公司有意识地寻求和开发市场机会，提高自身的能力以获取特许的扩展（Birkinshaw & Hood，1998；葛京，2007）[⑤][⑥]。并且，研究结果表明，子公司能力是子公司实施自主行为的重要条件（Verbeke & Yuan，2013）[⑦]，子公司能力的提高会促使子公司积极实施自主行为（Birkinshaw，1999）[⑧]。因此，本书得出假设：

---

① 邢彦玲．跨国公司在华子公司自主权影响因素的理论探讨［J］．当代亚太，2006，11：22-25.

② Dunning J H. The globalization of business：The challenge of the 1990s［M］．London：Routledge，1993.

③ Shroff N，Verdi R S，Yu G. Information environment and the investment decisions of multinational corporations［J］．*The Accounting Review*，2013，89（2）：759-790.

④ 林花．我国企业海外子公司股权进入模式选择及其对绩效的影响机制研究［D］．西南财经大学，2014.

⑤ Birkinshaw J，Hood N. Multinational subsidiary evolution：Capability and charter change in foreign-owned subsidiary companies［J］．*Academy of Management Review*，1998，23（4）：773-795.

⑥ 葛京．跨国企业海外子公司的地位与作用及其演进［J］．管理评论，2007，19：57-62.

⑦ Verbeke A，Yuan W. The Drivers of Multinational Enterprise Subsidiary Entrepreneurship in China：A New Resource-Based View Perspective［J］．*Journal of Management Studies*，2013，50（2）：236-258.

⑧ Birkinshaw J. The determinants and consequences of subsidiary initiative in multinational corporations［J］．*Entrepreneurship Theory and Practice*，1999，24（1）：9-36.

H26：子公司能力与子公司能动性存在正相关关系。

在地域多元化的母子公司组织结构中，子公司的目标市场范围较广，为此，当地子公司管理者需要决定自身的产品组合以适应地区的需要，而母公司在很大程度上依赖于当地子公司的经营者（赵福厚，2004）①。并且，面对全球市场从事出口贸易的跨国公司子公司通常需要整合跨国公司优势资源和自身通过当地生产经营所获取的知识有能力（Rugman & Verbeke, 2001）②，而这种整合能力通常需要更高的子公司能动性（Ambos, Andersson & Birkinshaw, 2010; Bouquet & Birkinshaw, 2008）③④。因此，本书得出假设：

H27：子公司目标市场范围与子公司能动性存在正相关关系。

从跨国公司网络内部和外部环境中学习并获得知识的子公司更倾向于采取自主行为（Williams, 2009）⑤。具体而言，位于不同地理位置的子公司可能会掌握对跨国公司其他单元独特并且有用的知识，从而使其从单纯的母公司优势知识利用者转变为知识的贡献者。而子公司的内部资源与子公司自主行为结合后会对子公司的知识贡献者角色产生显著的正向影响(Birkinshaw, Hood & Jonsson, 1998)⑥。并且随着子公司知识流入量和流出量的增大，子公司的地位会从先前的从属地位得到改观，进而增加子公司的主动性（张晓燕，2009）⑦。基于此，本书得出假设：

---

① 赵福厚. 跨国公司母子公司关系中自主权的确定性研究［J］. 南开管理评论，2004，7，5：106-111.

② Rugman A M, Verbeke A. Subsidiary-specific advantages in multinational enterprises ［J］. *Strategic Management Journal*, 2001, 22 (3): 237-250.

③ Ambos T C, Andersson U, Birkinshaw J. What are the consequences of initiative-taking in multinational subsidiaries & quest ［J］. *Journal of International Business Studies*, 2010, 41 (7): 1099-1118.

④ Bouquet C, Birkinshaw J. Weight versus voice: How foreign subsidiaries gain attention from corporate headquarters ［J］. *Academy of Management Journal*, 2008, 51 (3): 577-601.

⑤ Williams C. Subsidiary-level determinants of global initiatives in multinational corporations ［J］. *Journal of International Management*, 2009, 15 (1): 92-104.

⑥ Birkinshaw J, Hood N, Jonsson S. Building firm-specific advantages in multinational corporations: The role of subsidiary initiative ［J］. *Strategic Management Journal*, 1998, 19 (3): 221-242.

⑦ 张晓燕. 跨国公司子公司能力发展及其知识转移角色演进［J］. 商业时代，2009，9：27-28.

H28：子公司知识流动与子公司能动性存在正相关关系。

子公司的能动性能够促进子公司的发展，提高跨国的整体竞争优势（Birkinshaw，1997）①，并带动跨国公司战略的改进和创新（Scott，Gibbons & Coughlan，2010）②。子公司在特定东道国环境中获取知识、想法和机会的自主行为（Andersson，Forsgren & Holm，2002）③ 使得其在整个跨国公司网络中获取知识和产生创新的战略地位得到认可和巩固（Mudambi，2008；Mudambi & Navarra，2004）④⑤。因此，本书得出假设：

H29：子公司能动性与跨国战略存在正相关关系。

5.1.4 假设汇总

本节以图 3.7“基于跨国公司竞争战略的子公司角色演化概念模型”为基础，通过对以往研究成果的梳理和归纳，从跨国公司竞争战略与子公司角色演化、其他因素与子公司演化和子公司角色演化与跨国公司竞争战略 3 方面进行了研究假设的设定，具体的逻辑关系如图 5.1 所示。

---

① Birkinshaw J. Entrepreneurship in multinational corporations: The characteristics of subsidiary initiatives [J]. *Strategic Management Journal*, 1997, 18 (3): 207-229.

② Scott P, Gibbons P, Coughlan J. Developing subsidiary contribution to the MNC-Subsidiary entrepreneurship and strategy creativity [J]. *Journal of International Management*, 2010, 16 (4): 328-339.

③ Andersson U, Forsgren M, Holm U. The strategic impact of external networks: subsidiary performance and competence development in the multinational corporation [J]. *Strategic Management Journal*, 2002, 23 (11): 979-996.

④ Mudambi R. Location, control and innovation in knowledge-intensive industries [J]. *Journal of Economic Geography*, 2008, 8 (5): 699-725.

⑤ Mudambi R, Navarra P. Is knowledge power? Knowledge flows, subsidiary power and rent-seeking within MNCs [J]. *Journal of International Business Studies*, 2004, 35 (5): 385-406.

图 5.1 基于跨国公司竞争战略的子公司角色演化的假设设定

5.2 问卷设计与数据收集

5.2.1 问卷设计

跨国公司在华子公司角色演化的影响因素主要包括跨国公司在华竞争战略、子公司的任务、子公司的股权结构、子公司的市场进入方式、子公司能动性以及东道国因素 6 个方面。

跨国公司在华竞争战略的测量则是在 Grewal 等（2008）① 开发的跨国公司全球战略量表的基础上，通过小组讨论（包括 1 名教授与 6 名相关专业的博士）对该量表进行了修正，以确定每个指标的表述清晰并且能准确反映所测量的内容，是否应删减或补充其他问项。最终经过调整得出跨国公司在华竞争战略的测量量表。

表 5.1　跨国公司在华竞争战略测量量表

竞争战略	指标描述
全球战略	1 贵公司的全球战略强调从不同国家工资差距中获得收益
	2 贵公司强调规模经济
	3 贵公司在生产和研发中寻找潜在的规模经济
	4 贵公司与各个子公司共同承担投资和成本
	5 贵公司从不同国家固定成本的差距中获得收益
	6 贵公司与各个子公司共同承担不同业务的投资和成本
多国战略	7 贵公司强调从不同国家环境差异中获取收益
	8 贵公司具有应对不同国家的政治风险的灵活性
	9 贵公司的全球战略在人员配置中强调灵活性
	10 贵公司的全球战略在核心资源分配中强调灵活性
跨国战略	11 贵公司强调从各个子公司组织流程的不同中学习
	12 贵公司强调从各个业务流程中学习
	13 贵公司不同子公司共享产品和组织流程的创新
	14 贵公司强调从各个子公司的管理系统中学习

资料来源：笔者根据相关资料整理。

子公司任务根据邓宁（1993）的分类标准分为寻求资源、寻求市场、寻求效率和寻求战略资产 4 种类型；子公司的股权结构包含独资和合资 2 种类型；子公司的市场进入方式也包括绿地投资与并购 2 种方式。

根据本书的定义，子公司的能动性主要包含子公司能力和子公司自主行为两个方面，因此，为了克服模型的内生性，本书在实证研究中主要考

① Grewal R, Chandrashekaran M, Dwyer F R. Navigating local environments with global strategies: A contingency model of multinational subsidiary performance [J]. *Marketing Science*, 2008, 27 (5): 886-902.

察子公司自主行为对子公司角色演化的影响，因而采用了 Filippov 和 Duysters（2012）[①] 开发的量表对子公司的能动性进行调查，他们的量表在 Birkinshaw（1999）[②] 的基础上进行了修正，在调查中子公司管理者需要回答下面5项在过去的时间段发生了多大程度的变化：子公司研发新产品并销往全球，由于子公司自身的管理而吸引了新的商业职能，由于子公司自身的管理而吸引了新的合作投资，跨国公司新的全球商业活动始于本子公司，子公司为了市场领导者地位向主要的竞争者发起挑战。

根据波特的国家竞争优势理论，东道国因素即当地市场优势主要包含以下5个方面：企业人才的可获得性、原材料的可获得性、供应商的质量、顾客的要求以及当地市场的竞争程度（Birkinshaw，1996；Pedersen，2006）[③④]。

5.2.2 数据收集

1. 样本选择

本次数据收集对象与跨国公司在华子公司角色演化路径调查对象相同，并采用网络问卷调查与纸质调查问卷相结合的方法进行数据收集。其中，子公司的任务、子公司股权模式和子公司市场进入方式采用选择题的形式，而子公司能动性、跨国公司在华竞争战略以及当地市场优势采取“5点李克特量表”（5 point Likert Scale）形式，其中1代表该指标完全不能反映跨国公司在华子公司的情况，而5则代表该指标能够充分反映跨国

---

① Filippov S, Duysters G. Evolving subsidiary roles and regional economic integration in Europe [J]. *Transformations in Business & Economics*, 2012, 11 (1): 35-53.

② Birkinshaw J. The determinants and consequences of subsidiary initiative in multinational corporations [J]. *Entrepreneurship Theory and Practice*, 1999, 24 (1): 9-36.

③ Birkinshaw J. World mandate strategies for Canadian subsidiaries [M]. Industry Canada Working Paper, No. 9, 1996.

④ Pedersen T. Determining Factors of Subsidiary Development [A]. Tavares A. T, Teixeira, A. (eds.), Multinationals, Clusters and Innovation. Does Public Policy Matter? [C] Palgrave Macmillan, 2006.

公司在华子公司的情况，并且要求受访者根据子公司成立初期、当期以及预期 10 年后 3 个时间点分别进行回答。

2. 数据质量

为了保证问卷数据的质量和准确性，本书根据规范的实证调研程序，针对不同发放渠道、问卷回收时间以及问卷填写者身份 3 个方面对所收集的数据进行了质量检测，具体结果如下所示：

（1）问卷发放渠道差异的影响。本书采取的问卷发放渠道主要包括纸质问卷和网络问卷两种，因此选用独立样本 T 检验的方法对两类问卷中对应题项的均值和方差进行检验。检验结果表明，采用不同渠道发放的问卷中绝大多数题项的均值和方差在 0.05 的显著性水平下不存在显著性差异，即通过不同发放渠道所获取的问卷数据不存在显著性差异。

（2）问卷回收时间差异的影响。本书采用的问卷回收方式包括现场回收和电子问卷回收两种，由于电子问卷的回收率低于现场回收，并且回收周期较长，因此，本书根据邮件显示的具体日期对问卷的回收周期进行划分，将回收期在 2 周以内以及回收期在 4 周以上的问卷各归为一类，随后利用独立样本 T 检验的方法对两类问卷中对应题项的均值和方差进行检验，检验结果表明，采用回收时间不同的问卷中绝大多数题项的均值和方差在 0.05 显著性水平下不存在显著差异，即先后回收的问卷所获取的数据不存在显著性差异。

（3）问卷填写者身份差异的影响。本书的问卷调查对象包含跨国公司在华子公司的高层管理人员、中层管理人员及其他管理者 3 种。本研究采用方差分析的方法对这三类类问卷对应题项的均值和方差进行对比检验。检验结果表明，不同填写者回答的问卷中绝大多数题项均在 0.05 显著性水平下没有显著性差异，即不同身份的填答者填写的问卷没有显著性差异。

5.3 信度和效度检验

5.3.1 信度检验

将问卷数据用 SPSS20.0 进行信度分析，结果如表 5.2 所示。

表 5.2 信度分析表

类别	Cronbach's α	基于标准化项的 Cronbach's α	项数
问卷整体	0.888	0.888	24
子公司竞争战略	0.823	0.825	14
子公司能动性	0.819	0.822	5
东道国环境	0.698	0.695	5

我们一般采用 Devellis（2003）提出的信度检验标准，Cronbach's 系数的合适范围如下：低于 0.60，不能接受；0.60~0.70，一般；0.70~0.80，较好；0.80~0.90，非常好；远大于 0.90，应该考虑压缩量表。由分析结果可知，整体问卷、子公司竞争战略和子公司能动型的 Cronbach's α 值均在 0.80~0.90 之间，非常好；而东道国环境的 Cronbach's α 值为 0.698，接近 0.7，可以接受。因此，本书认为该问卷的内部一致性非常好。

5.3.2 效度检验

本书的量表是在前人研究的基础上通过小组讨论（包括 1 名教授与 10 名相关专业的博士）得出的，因此认为具有较好的内容效度和效标效度。以下将通过验证性因子分析的模型拟合情况对子公司竞争战略量表的结构效度进行考评。通过 AMOS21.0 绘制成可识别的结构方程模型，其中椭圆形表示潜在变量，矩形表示观测变量，变量编号对应量表的题项序号。

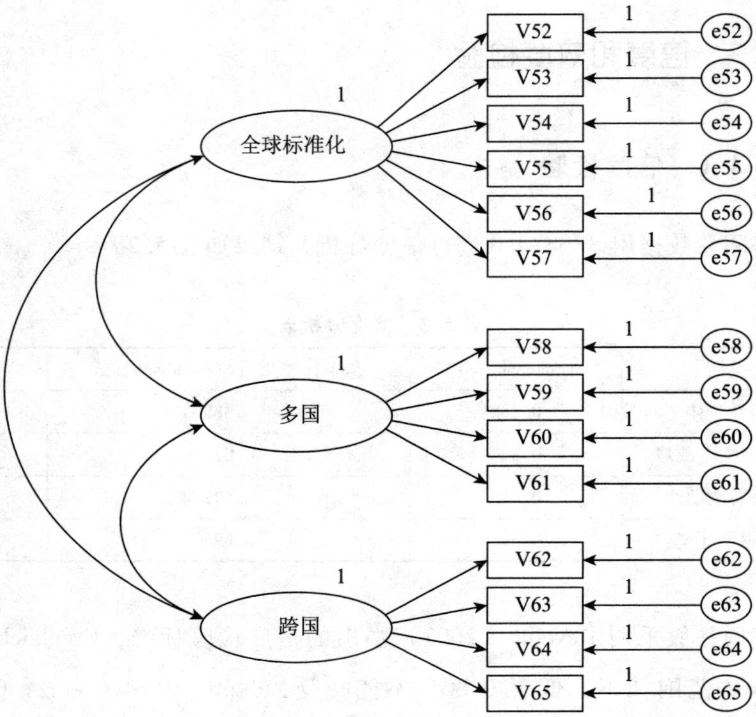

图 5.2　子公司竞争战略测量模型

在模型构建的基础上，导入相关数据拟合。各项拟合指标检验结果如表 5.3 所示，结构方程模型整体拟合较好，因此子公司竞争战略量表的结构效度较好。

表 5.3　子公司竞争战略模型拟合检验

拟合指标	指标值	拟合要求
χ^2/df	1.876	介于 1 与 3 之间
GFI	0.905	大于 0.9
CFI	0.944	大于 0.9
TLI	0.929	大于 0.9
RMSEA	0.070	小于 0.08

5.4　统计分析

由于问卷回收的数据类型不同，因此适用的统计方法也不同。根据不同的数据类型选取二元逻辑回归、T 检验、方差分析和结构方程模型 4 种统计分析方法分别进行实证研究。

5.4.1 二元逻辑回归

由于子公司股权模式和市场进入方式为两类的分类变量，而全球标准化战略、多国战略和跨国战略为连续变量，因此选取二元逻辑回归模型对子公司竞争战略对股权模式和市场进入方式影响关系分别进行统计分析。

1. 子公司竞争战略与子公司股权模式

根据前文的假设，跨国公司在华子公司股权模式受到子公司竞争战略的影响。因此，本书选取子公司股权模式为被解释变量（0—合资，1—独资），子公司全球标准化战略、多国战略和跨国战略为解释变量，子公司国别、行业、成立年限和东道国环境作为控制变量，运用 SPSS20.0 进行数据处理和分析。选用 H—L 检验和 Omnibus 检验对模型的拟合优度进行检验。由 H—L 检验可知模型的卡方值为 8.311，显著性水平为 0.404，不能拒绝原假设，即认为模型拟合较好。通过 Omnibus 检验可知模型以 0.001 的显著性水平通过检验，即模型中至少有 1 个自变量与因变量显著相关。因此本书认为模型能够较好地反映跨国公司在华子公司股权模式与子公司竞争战略的关系。进而，模型结果如表 5.4 所示：

表 5.4 方程中的变量（只包含解释变量）

	B	S. E.	Wals	df	Sig.	Exp（B）
全球标准化战略	−0.202	0.063	10.132	1	0.001	0.817
多国战略	0.061	0.084	0.537	1	0.454	0.063
跨国战略	−0.084	0.033	6.399	1	0.011	0.920
常量	5.140	−1.470	12.233	1	0.000	170.763

通过表中的数据可知，跨国公司在华子公司采用全球标准化战略和跨国战略对子公司股权模式的影响显著，而采用多国战略对子公司股权模式的影响并不显著。进一步分析，跨国公司在华子公司采用全球标准化战略和跨国战略时，子公司更倾向于采用合资的形式，并且全球标准化战略相

较于跨国战略而言对子公司股权模式的影响更为显著。因此，本书验证了假设 1 和假设 3。

2. 子公司竞争战略与子公司市场进入方式

根据前文的假设，跨国公司在华子公司市场进入方式受到子公司竞争战略中的多国战略和跨国战略的影响。因此，本书选取子公司市场进入方式为被解释变量（0—新建，1—并购），子公司多国战略和跨国战略为解释变量，子公司国别、行业、成立年限和东道国环境作为控制变量，运用 SPSS20.0 进行数据处理和分析。本文选用 H—L 检验和 Omnibus 检验对模型的拟合优度进行检验。由 H—L 检验可知模型的卡方值为 9.129，显著性水平为 0.332，不能拒绝原假设，即认为模型拟合较好。通过 Omnibus 检验可知模型以 0.001 的显著性水平通过检验，即模型中至少有 1 个自变量与因变量显著相关。因此本书认为模型能够较好地反映跨国公司在华子公司股权模式与子公司竞争战略的关系。进而，模型结果如表 5.5 所示：

表 5.5　方程中的变量（只包含解释变量）

	B	S. E.	Wals	df	Sig.	Exp（B）
多国战略	0.511	0.144	12.515	1	0.000	1.666
跨国战略	0.292	0.056	26.788	1	0.000	1.339
常量	-14.138	2.830	24.953	1	0.000	0.000

通过表中数据可知，跨国公司在华子公司采用多国战略和跨国战略对子公司市场进入方式的影响显著。当跨国公司在华子公司采取这两种战略时，子公司更倾向于选择新建的市场进入方式。因此，本书验证了假设 4 和假设 5。

5.4.2 T 检验

由于子公司股权模式和市场进入方式为两类分类变量，而子公司自主权、能力和知识流动为连续变量，因此，采用独立样本 T 检验模型对子公司股权模式、市场进入方式与子公司角色演化的相关关系进行统计分析。

1. 子公司股权模式与子公司角色演化

根据前文的假设，子公司股权模式对子公司角色演化的影响主要体现在股权模式对子公司自主权的影响，因此，本书选取子公司股权模式为分组变量（1—合资，2—独资），子公司自主权为因变量，通过使用SPSS20.0进行数据处理和分析，得出如下结果。通过表中数据可知，在不同股权模式下，子公司自主权的均值是显著有差异的，因此验证原假设，即子公司股权模式与子公司自主权存在相关关系。

表 5.6　组统计量

	股权	N	均值	标准差	均值的标准误
自主权	1	73	20.3368	2.31233	0.27064
	2	106	18.5757	3.29378	0.31992

表 5.7　独立样本检验

		方差方程的 Levene 检验			均值	
		F	Sig.	t	df	Sig.（双侧）
自主权	假设方差相等	9.230	0.003	3.946	177	0.000
	假设方差不相等			4.203	176.922	0.000

2. 子公司市场进入方式与子公司角色演化

根据前文的假设，子公司市场进入方式对子公司角色演化的影响分别体现为子公司自主权、子公司能力和子公司知识流动水平3个维度，因此，本书选取子公司市场进入方式为分组变量（1—新建，2—并购），子公司自主权、子公司能力和子公司知识流动为因变量，通过使用SPSS20.0进行数据处理和分析，得出如下结果。通过表中数据可知，不同市场进入方式下，子公司自主权、子公司能力和子公司知识流动水平的均值是显著有差异的。因此，验证原假设，即子公司市场进入方式与子公司自主权、子公司能力和子公司知识流动存在相关关系。

表 5.8 组统计量

	市场进入方式	N	均值	标准差	均值的标准误
自主权	1	136	18.7070	3.02762	0.25962
	2	43	21.1502	2.31819	0.35352
能力	1	136	15.5531	2.14590	0.18401
	2	43	17.0235	1.78708	0.27253
知识流动	1	136	7.6655	1.12098	0.09612
	2	43	8.5181	0.80140	0.12221

表 5.9 独立样本检验

		方差方程的 Levene 检验			均值	
		F	Sig.	t	df	Sig.（双侧）
自主权	假设方差相等	5.624	0.019	-4.857	177	0.000
	假设方差不相等			-5.570	91.260	0.000
能力	假设方差相等	2.121	0.147	-4.067	177	0.000
	假设方差不相等			-4.472	83.617	0.000
知识流动	假设方差相等	7.594	0.006	-4.624	177	0.000
	假设方差不相等			-5.484	98.329	0.000

5.4.3 方差分析

由于子公司经营目的为四类分类变量，而子公司自主权为连续变量，因此，本书选择单因素方差分析对子公司经营目的与子公司角色演化相关关系进行统计分析。根据前文的假设，选取跨国公司在华子公司自主权为因变量，子公司的四种经营目的为因素变量（1—寻求效率，2—寻求市场，3—寻求资源，4—寻求战略资产），通过使用 SPSS20.0 进行数据处理和分析，得出如下结果：

表 5.10 描述统计量表

	N	均值	标准差	标准误	均值的 95%置信区间		极小值	极大值
					下限	上限		
1	34	19.9476	2.63411	0.45175	19.0286	20.8667	12.74	22.92

续表

	N	均值	标准差	标准误	均值的 95%置信区间		极小值	极大值
					下限	上限		
2	97	18.7489	2.30607	0.33568	18.0825	19.4152	5.00	23.59
3	22	19.3618	2.73584	0.58328	18.1488	20.5748	13.13	23.14
4	26	20.4150	2.42190	0.47497	19.4368	21.3932	11.07	24.20
总数	179	19.2939	3.05218	0.22813	18.8437	19.7441	5.00	24.20

四种子公司经营目的对应的子公司自主权的统计量表，包含不同经营目的下子公司的数目，自主权的均值、标准差和平均数的标准误差等统计量。检验样本的方差齐性，得到如下结果：

表 5.11　方差齐性检验

Levene 统计量	df1	df2	显著性
1.360	3	175	0.257

根据方差齐性的检验结果，其显著性概率为 0.257>0.05，说明各个经营目的下的子公司自主权的方差在 $\alpha=0.05$ 的水平下没有显著性差异，即方差具有齐性。

表 5.12　单因素方差分析

	平方和	df	均方	F	显著性
组间	76.126	3	23.375	2.807	0.041
组内	1582.082	175	9.040		
总数	1658.208	178			

从单因素方差分析表中可以看出，结果达到了显著水平，即不同经营目的下的子公司自主权具有明显差异。因为样本方差齐性，本书选用 LSD 方法进行事后检验，结果如表 5.13 所示，根据表中结果可知，跨国公司在华子公司经营目的为追求效率与追求市场之间、追求市场与追求战略资产之间的子公司自主权均值差异显著。因此，验证原假设，即子公司经营目的与子公司自主权之间存在相关关系。

表 5.13 LSD 多重比较

	(I) 经营目的	(J) 经营目的	均值差 (I-J)	标准误	显著性	95%置信区间	
						下限	上限
LSD	1	2	1.19878 *	0.59925	0.047	0.0161	2.3815
		3	0.58583	0.82269	0.477	-1.0379	2.2095
		4	-0.46735	0.78333	0.552	-2.0133	1.0786
	2	1	-1.19878 *	0.59925	0.047	-2.3815	-0.0161
		3	-0.61295	0.71002	0.389	-2.0143	0.7884
		4	-1.66613 *	0.66401	0.013	-2.9766	-0.3556
	3	1	-0.58583	0.82269	0.477	-2.2095	1.0379
		2	0.61295	0.71002	0.389	-0.7884	2.0143
		4	-1.05318	0.87100	0.228	-2.7722	0.6658
	4	1	0.46735	0.78333	0.552	-1.0786	2.0133
		2	1.66613 *	0.66401	0.013	-0.3556	2.9766
		3	1.05318	0.87100	0.228	-0.6658	2.7722

注：* 均值差的显著性水平为 0.05。

5.4.4 结构方程模型

5.4.4.1 子公司角色演化因素与子公司角色

1. 模型构建

在进行结构方程分析之前，本书首先利用 SPSS20.0 对各题项的相关性进行了统计分析，结果表明，各题项之间存在相关关系并且不存在多重共线性，进而使用 AMOS21.0 对理论模型进行检验，通过该软件绘制成可识别的结构方程模型图。

2. 模型评价

(1) 模型拟合检验。在构建的结构方程模型的基础上，导入相关数据进行拟合。各项拟合指标检验结果如表 5.14 所示。结构方程整体拟合较好，能够反映各个变量之间的相互作用机制。

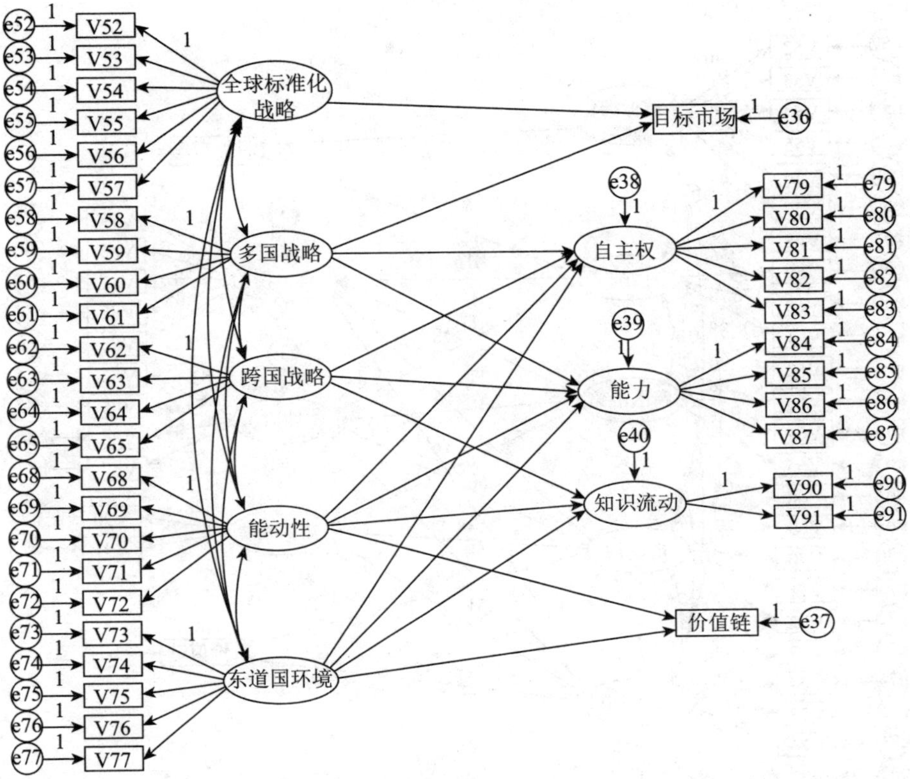

图 5.3　子公司角色演化因素与子公司角色关系测量模型

表 5.14　子公司角色演化因素与子公司角色关系测量模型拟合检验

拟合指标	指标值	拟合要求
χ^2/df	1.523	介于 1 与 3 之间
GFI	0.788	大于 0.9
TLI	0.915	大于 0.9
CFI	0.923	大于 0.9
RMR	0.049	小于 0.05
RMSEA	0.054	小于 0.08

（2）路径系数检验。结构方程模型评价需要对路径系数进行统计显著性检验，通过导入数据计算，结构方程模型各条路径的载荷系数以及显著性如图 5.4 标所示。

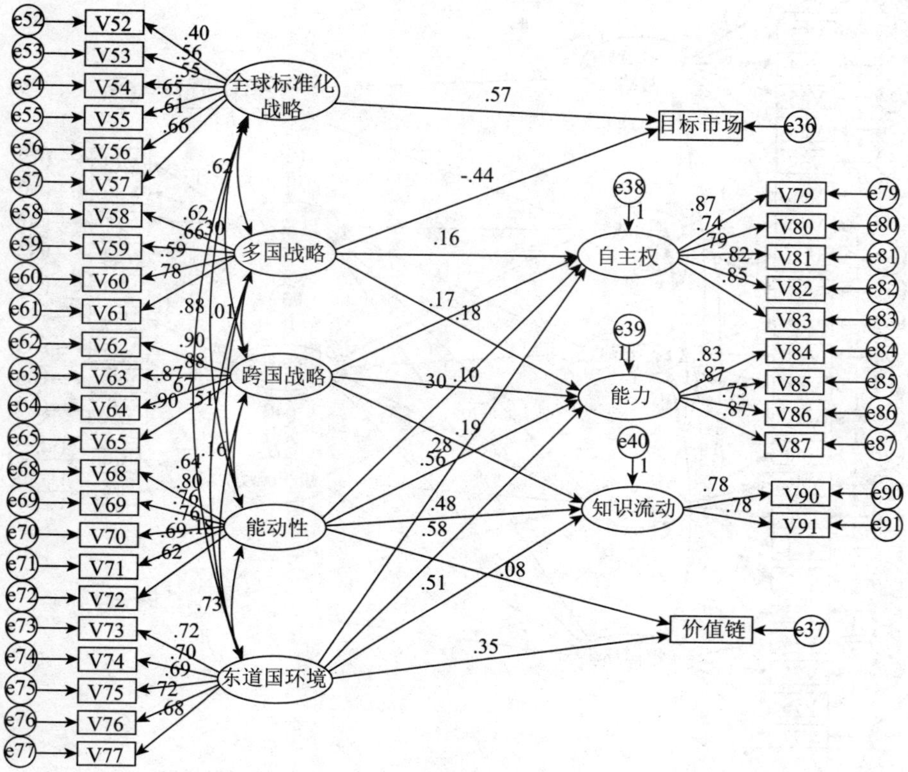

图 5.4　子公司角色演化因素与子公司角色关系作用路径

表 5.15　子公司角色演化因素与子公司角色关系作用路径系数估计结果

	未标准化系数估计	S. E.	C. R.	P	标准化系数估计
自主权←多国战略	0. 180	0. 072	2. 489	0. 013	0. 158
能力←多国战略	0. 140	0. 050	2. 813	0. 005	0. 185
自主权←跨国战略	0. 085	0. 020	4. 154	* * *	0. 173
能力←跨国战略	0. 032	0. 014	2. 313	0. 021	0. 097
知识流动←跨国战略	0. 070	0. 021	3. 347	* * *	0. 186
自主权←能动性	0. 216	0. 051	4. 206	* * *	0. 301
能力←能动性	0. 132	0. 035	3. 789	* * *	0. 278
知识流动←能动性	0. 261	0. 054	4. 803	* * *	0. 476
自主权←东道国环境	0. 532	0. 088	6. 037	* * *	0. 560
能力←东道国环境	0. 366	0. 061	6. 009	* * *	0. 581
知识流动←东道国环境	0. 373	0. 074	5. 010	* * *	0. 513

续表

	未标准化系数估计	S. E.	C. R.	P	标准化系数估计
目标市场←全球标准化	1. 321	0. 350	3. 769	* * *	0. 567
目标市场←多国战略	-0. 739	0. 204	-3. 628	* * *	-0. 443
价值链←能动性	0. 136	0. 225	0. 605	0. 545	0. 075
价值链←东道国环境	0. 835	0. 304	2. 748	0. 006	0. 347

注："* * *"表示 0. 01 水平上显著。

3. 模型结果

根据模型检验结果，总体而言东道国环境对子公司角色演化的影响最为显著，其次是子公司能动性，子公司竞争战略对子公司角色演化的影响效果最低。具体从子公司角色的各个维度分析，就自主权维度而言，东道国环境对其的影响最为显著，标准化系数达 0. 560、子公司能动性次之，影响系数为 0. 301、子公司跨国战略为 0. 173，而多国战略对其影响系数最低，为 0. 158；就子公司能力维度而言，东道国环境和子公司能动性的影响水平依旧最高，与子公司自主权维度相区别的是子公司跨国战略的影响系数要高于多国战略；就目标市场范围维度而言，全球标准化战略与目标市场范围正相关而多国战略与目标市场负相关，验证了前文的假设；就子公司价值链活动附加值维度而言，子公司多国战略对其有正向作用，影响系数为 0. 075，而子公司能动性对价值链活动附加值的影响并不显著；就子公司知识流动维度而言，依旧遵循着东道国环境影响系数最高，子公司能动性次之而竞争战略最低的顺序。综上所述，模型基本验证了前文的假设。

5. 4. 4. 2 子公司角色演化与子公司竞争战略

1. 模型构建

在进行结构方程分析之前，本书首先利用 SPSS20. 0 对各题项的相关性进行了统计分析，结果表明，各题项之间存在相关关系并且不存在多重共线性，进而使用 AMOS21. 0 对理论模型进行检验，通过该软件绘制成可识别的结构方程模型图。

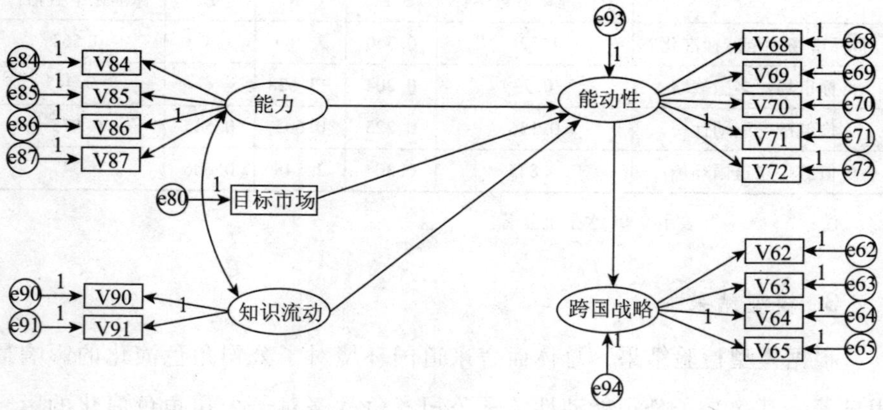

图 5.5 子公司角色演化与子公司竞争战略关系测量模型

2. 模型评价

（1）模型拟合检验。在构建结构方程模型的基础上，导入相关数据进行拟合，其中，子公司能力、目标市场以及知识流动使用当期数据，子公司能动性以及跨国战略使用滞后一期，即预期 10 年后的数据。各项拟合指标检验结果如表 5.16 所示。结构方程整体拟合较好，能够反映各个变量之间的相互作用机制。

表 5.16 子公司角色演化与子公司竞争战略关系测量模型拟合检验

拟合指标	指标值	拟合要求
χ^2/df	1.882	介于 1 与 3 之间
TLI	0.901	大于 0.9
CFI	0.916	大于 0.9
RMR	0.049	小于 0.05
RMSEA	0.070	小于 0.08

（2）路径系数检验。结构方程模型评价需要对路径系数进行统计显著性检验，通过导入数据计算，结构方程模型各条路径的载荷系数以及显著性如图 5.6 和表 5.17 所示。

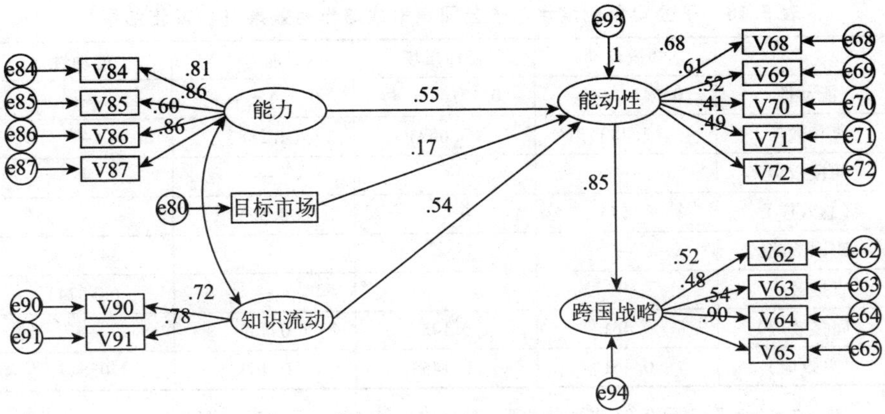

图 5.6 子公司角色演化与子公司竞争战略关系作用路径

表 5.17 子公司角色演化与子公司竞争战略关系作用路径系数估计结果

	未标准化系数估计	S. E.	C. R.	P	标准化系数估计
能动性←能力	0. 859	0. 200	4. 288	* * *	0. 554
能动性←目标市场	0. 134	0. 037	3. 657	* * *	0. 171
能动性←知识流动	0. 752	0. 199	3. 783	* * *	0. 543
跨国战略←能动性	0. 463	0. 079	5. 874	* * *	0. 847

注：“＊＊＊”表示 0. 01 水平上显著。

5. 4. 4. 3 模型结果

根据模型检验结果，子公司角色的能力、目标市场和知识流动与子公司能动性显著相关。其中，子公司能力对子公司能动性的影响最为显著，标准系数为 0. 554，子公司知识流动和子公司能力对子公司能动性的影响程度大致相同，而子公司目标市场范围对子公司能动性的影响相对最弱，标准系数为 0. 171。此外，子公司能力、知识流动、目标市场以及子公司能动性对子公司竞争战略的影响也非常显著。其中，子公司能动性对子公司跨国战略的直接效应为 0. 847，而子公司角色的各个维度中子公司能力对子公司跨国战略的影响程度最高，子公司知识流动的影响略低于子公司能力，而子公司目标市场相对而言对子公司跨国战略的影响最低，标准系数为 0. 145。因此，模型结果验证了前文的假设。

表 5.18　子公司角色演化与子公司竞争战略作用效果（标准化结果）

	知识流动	目标市场	能力	能动性
能动性	0.543＊＊＊	0.171＊＊＊	0.554＊＊＊	—
（直接效应）	（3.783）	（3.657）	（4.288）	—
（间接效应）	—	—	—	—
（总效应）	0.543	0.171	0.554	—
跨国战略	—	—	—	0.847＊＊＊
（直接效应）	—	—	—	（5.874）
（间接效应）	0.461	0.145	0.469	—
（总效应）	0.461	0.145	0.469	0.847

注："＊＊＊"表示 0.01 水平上显著，括号中是相应的 C.R. 值，即 t 值。

5.4.5 假设检验结果

本书基于以往的研究成果，共提出 29 个假设，通过实证研究，26 个假设获得显著支持。具体如表 5.19 所示。

表 5.19　假设检验结果

假设	检验结果
H1：全球标准化战略与子公司股权存在负相关关系	支持
H2：多国战略与子公司股权存在正相关关系	不支持
H3：跨国战略与子公司股权存在负相关关系	支持
H4：多国战略与子公司市场进入方式存在正相关关系	支持
H5：跨国战略与子公司市场进入方式存在正相关关系	支持
H6：子公司的股权与子公司自主权存在相关关系	支持
H7：子公司市场进入方式与子公司自主权存在相关关系	支持
H8：子公司市场进入方式与子公司能力存在相关关系	不支持
H9：子公司市场进入方式与子公司知识流动存在相关关系	支持
H10：多国战略与子公司的自主权存在正相关关系	支持
H11：跨国战略与子公司自主权存在正相关关系	支持
H12：多国战略与子公司能力存在正相关关系	支持
H13：跨国战略与子公司能力存在正相关关系	支持
H14：全球标准化战略与子公司目标市场范围存在正相关关系	支持
H15：多国战略与子公司目标目标市场范围存在负相关关系	支持
H16：跨国战略与子公司知识流动存在正相关关系	支持
H17：子公司能动性与子公司自主权存在正相关关系	支持

续表

假设	检验结果
H18：子公司能动性与子公司能力存在正相关关系	支持
H19：子公司能动性与子公司价值链活动附加值存在正相关关系	不支持
H20：子公司能动性与子公司知识流动存在正相关关系	支持
H21：子公司经营目的与子公司自主权存在相关关系	支持
H22：东道国环境优势与子公司自主权存在正相关关系	支持
H23：东道国环境优势与子公司能力存在正相关关系	支持
H24：东道国环境优势与子公司价值链活动附加值存在正相关关系	支持
H25：东道国环境优势与子公司知识流动存在正相关关系	支持
H26：子公司能力与子公司能动性存在正相关关系	支持
H27：子公司目标市场范围与子公司能动性存在正相关关系	支持
H28：子公司知识流动与子公司能动性存在正相关关系	支持
H29：子公司能动性与跨国战略存在正相关关系	支持

5.5 实证结果分析

5.5.1 调查结果分析

1. 跨国公司在华子公司竞争战略

通过问卷调查，不同时期跨国公司在华子公司的竞争战略演化如图 5.7 所示。

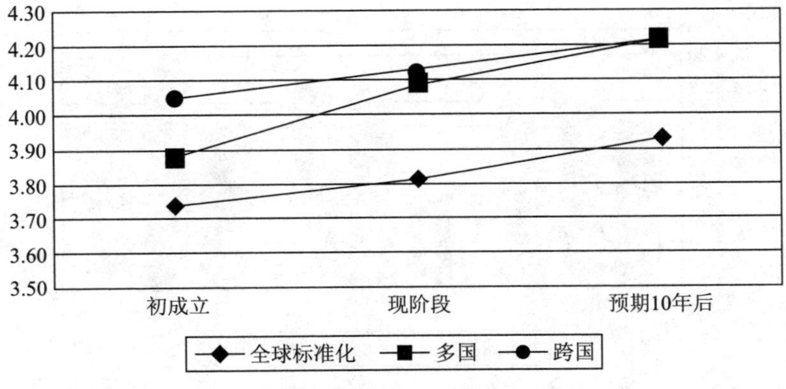

图 5.7 不同时期跨国公司在华子公司的竞争战略

从图中数据可知，跨国公司在华子公司的各个竞争战略中，跨国战略的得分最高，多国战略次之，全球标准化战略最低。并且随着子公司经营年限的增长，跨国战略的得分增速最高，全球标准化次之，而跨国战略的增速最缓。由此可见，跨国公司在华子公司非常重视中国市场，积极贯彻和实施当地化战略并非常注重从当地学习，并非一味地通过获取廉价原材料和劳动力以追求规模经济与范围经济。

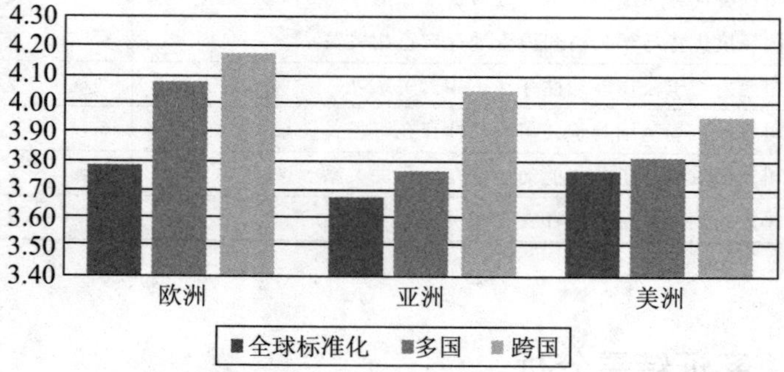

图 5.8　不同国别的跨国公司在华子公司成立初期的竞争战略

由图中可知，跨国公司在华子公司成立初期，各个国家的子公司跨国战略的得分均最高，多国战略次之，而全球标准化战略的得分最低，并且，总体而言，各个国家的跨国公司在华子公司各个竞争战略的得分比例相当，欧洲国家的全球标准化战略的比例最低，亚洲国家的多国战略比例最低，而美洲国家跨国战略的比例最低。

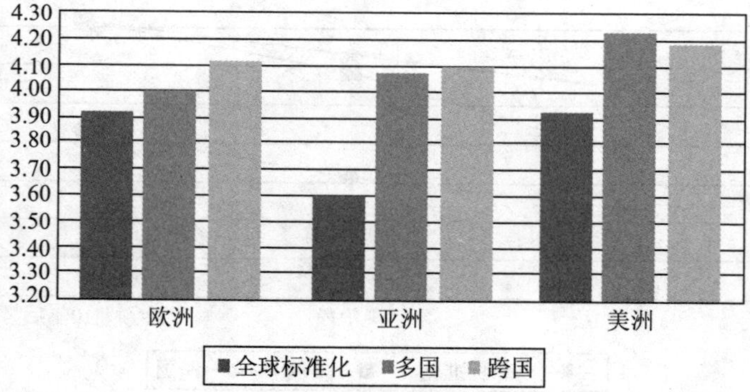

图 5.9　不同国别的跨国公司在华子公司现阶段的竞争战略

由图中可知，现阶段不同国家的跨国公司在华子公司竞争战略格局较成立初期发生了明显的改变，其中欧洲国家和亚洲国家的竞争战略中仍然为跨国战略得分最高，而美洲国家的跨国公司在华子公司的竞争战略变为多国战略得分最高。此外，欧洲国家的全球标准化战略的得分比例明显上升，跨国战略的得分却有小幅下降，而亚洲国家全球标准化战略的得分总体略有下降，而多国战略的得分上升明显。

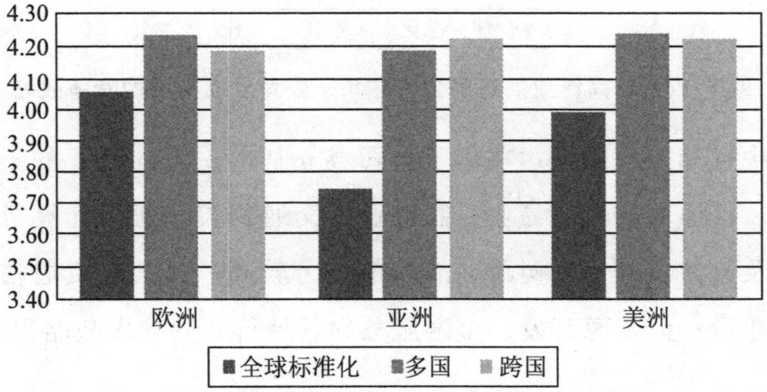

图 5.10 不同国别的跨国公司在华子公司预期 10 年后的竞争战略

由图中可知，预期 10 年后，亚洲国家和美洲国家的跨国公司在华子公司竞争战略的得分比例较现阶段没有发生明显变化。然而，欧洲国家的跨国公司在华子公司的竞争战略却发生了较大改变，其中，欧洲国家的子公司多国战略的得分显著提高并称为得分最高的竞争战略，同时全球标准化战略的得分也有小幅上涨，而跨国战略的得分则维持稳定。

总体而言，不同国家的跨国公司竞争战略得分均保持升高的趋势，其中，欧洲国家的跨国公司在华子公司全球标准化战略的得分增速最高、多国战略次之，而跨国战略的得分基本维持稳定；亚洲国家和美洲国家均为多国战略的得分增幅最高，同时全球标准化战略得分和跨国战略得分均有小幅上升。就不同的竞争战略而言，跨国战略得分增幅最高的为美洲国家，多国战略得分增幅最高的为亚洲国家，而全球标准化战略增幅最高的则为欧洲国家。

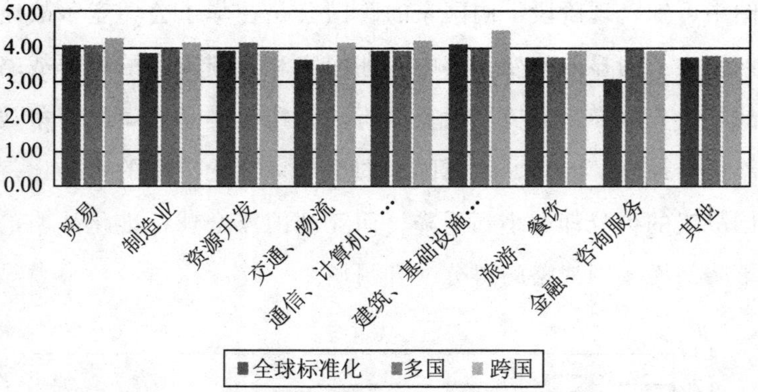

图 5.11　不同行业的跨国公司在华子公司成立初期的竞争战略

由图中可知，跨国公司在华子公司成立初期，不同行业的子公司竞争战略不同。具体而言，贸易业、制造业、交通物流、通信计算机、基础设施建设以及餐饮业的子公司跨国战略的得分较高，尤其是交通物流行业与基础设施建设；而资源开发、金融服务和其他行业则多国战略得分最高。

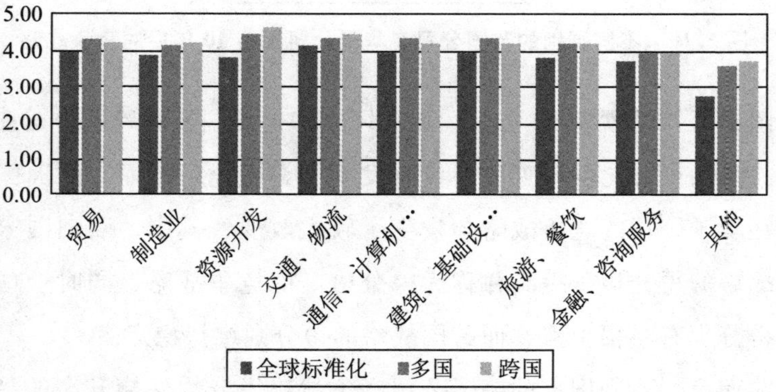

图 5.12　不同行业的跨国公司在华子公司现阶段的竞争战略

由图中可知，较跨国公司在华子公司成立初期而言，现阶段各个行业的子公司竞争战略发生了明显改变。其中，贸易业、交通物流、计算机和基础设施建设行业的子公司多国战略的得分显著提高，尤其是贸易业和计算机行业的子公司，多国战略的得分已超过跨国战略；而资源开发和金融服务行业的子公司跨国战略得分显著提高并超过了多国战略成为最重要的竞争战略。而就全球标准化战略而言，交通物流业的子公司这一战略的得分明显提高而其他行业这一战略的得分却大幅下降，其他行业则基本保持不变。

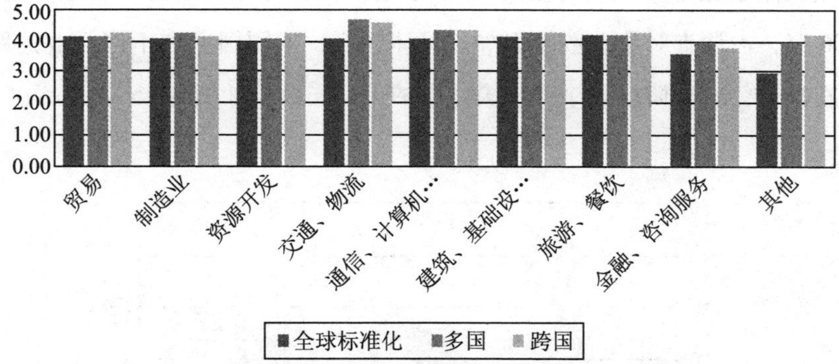

图 5.13 不同行业的跨国公司在华子公司预期 10 年后的竞争战略

由图中可知，预期 10 年后，各个行业的跨国公司在华子公司各个竞争战略的得分均有提高，并且不同行业的子公司各个竞争战略的得分基本相当，只有交通物流行业的和其他行业的不同竞争战略得分差距较大，这两个行业在全球标准化战略的得分均明显偏低。总体而言，各个行业的子公司均比较重视跨国战略与多国战略，全球标准化战略的得分相对较低，只有餐饮、旅游行业的竞争战略中全球标准化战略与跨国战略得分较高，而多国战略得分最低。

2. 跨国公司在华子公司股权模式

通过问卷调查，现阶段跨国公司在华子公司各个股权模式下的子公司数目如图 5.14 所示。

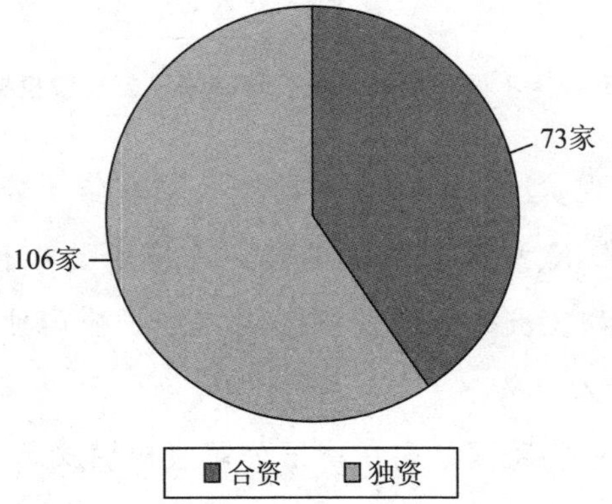

图 5.14 跨国公司在华子公司股权模式

由图中数据可知，现阶段跨国公司在华子公司的股权模式以独资居多，共106家，占调查对象总数的59%。具体而言，不同国家和不同行业的跨国公司在华子公司现阶段各个股权模式下的子公司数目如图5.15所示。

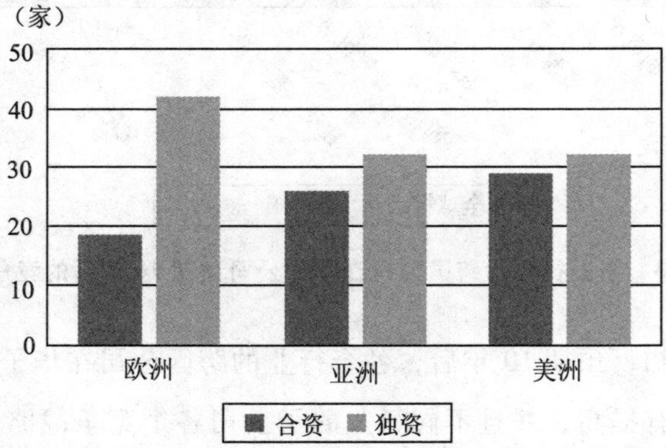

图 5.15　不同国别的跨国公司在华子公司股权模式

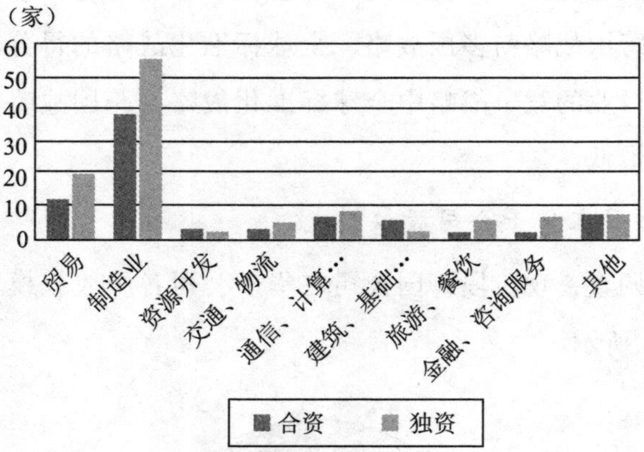

图 5.16　不同行业的跨国公司在华子公司股权模式

由图中可知，现阶段各个国家的跨国公司在华子公司均以独资居多，而合资较少。其中，欧洲国家的跨国公司在华子公司独资比例最高，达70%；而亚洲国家和美洲国家的跨国公司在华子公司独资比例数目相当，分别为55.17%和52.26%。

现阶段不同行业的跨国公司在华子公司股权模式不同，大部分行业的跨国公司在华子公司以独资居多，尤其是贸易业、交通物流、旅游餐饮和金融服务业，独资比例分别达到 63.33%、66.67%、83.33%和 85.17%；而资源开发和基础设施建设行业的子公司合资比例较高；其他行业的子公司独资比例与合资比例相当。

3. 跨国公司在华子公司市场进入方式

通过问卷调查，现阶段跨国公司在华子公司各个市场进入方式下的子公司数目如图 5.17 所示。

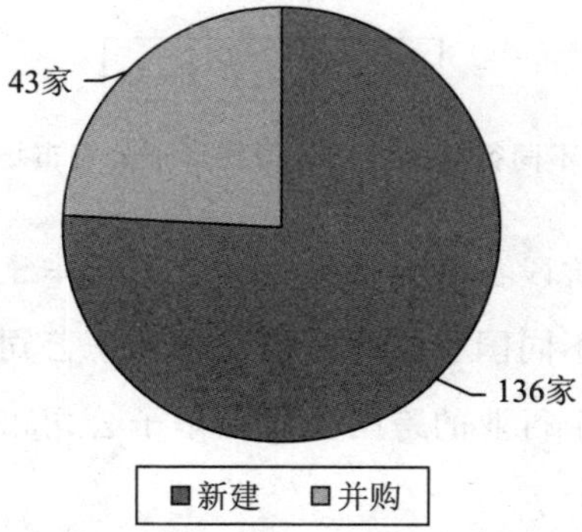

图 5.17 跨国公司在华子公司市场进入方式

从图中数据可知，现阶段跨国公司在华子公司市场进入方式以新建为主，共 136 家，占调查对象的 76%。具体而言，不同国家和不同行业的跨国公司在华子公司现阶段各个市场进入方式下的子公司数目如图 5.18 所示。

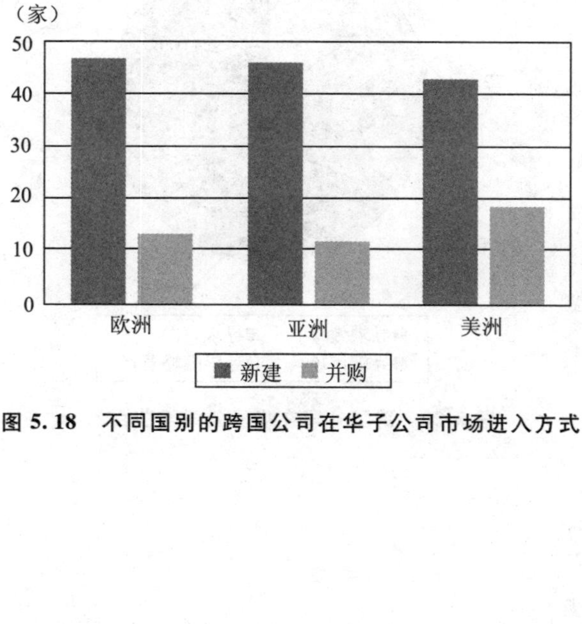

图 5.18 不同国别的跨国公司在华子公司市场进入方式

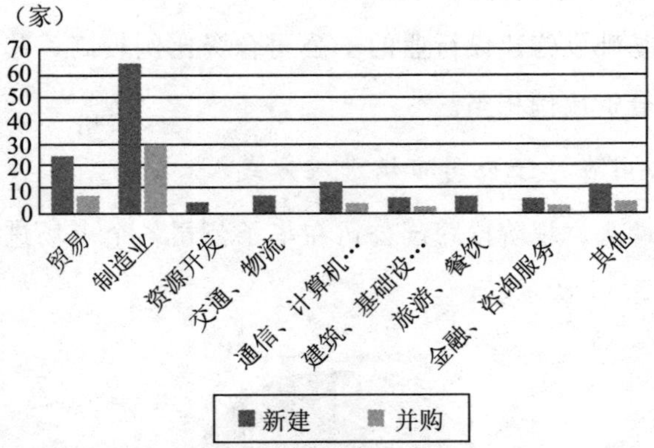

图 5.19　不同行业的跨国公司在华子公司市场进入方式

由图中可知，现阶段各个国家的跨国公司在华子公司的市场进入方式均以新建居多，并且不同国家的跨国公司在华子公司两种市场进入方式的比例大致相同。而各个行业的跨国公司在华子公司市场进入方式也是以新建居多，并且差别不大。

4. 跨国公司在华子公司经营目的

通过问卷调查，现阶段跨国公司在华子公司各个经营目的下的子公司数目如图 5. 20 所示。

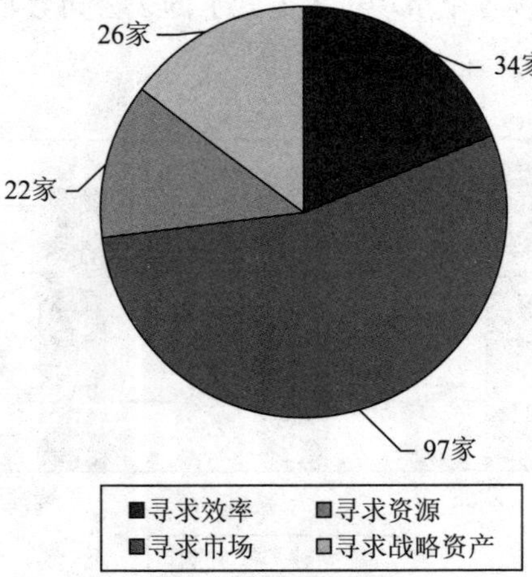

图 5. 20　跨国公司在华子公司经营目的

由图中数据可知，跨国公司在华子公司经营目的以寻求市场型居多，共 97 家，占调查对象的 54%；其次是寻求效率型子公司，共 34 家，占调查对象的 19%；子公司数目最少的是寻求资源型子公司，共 22 家，占调查对象的 15%。

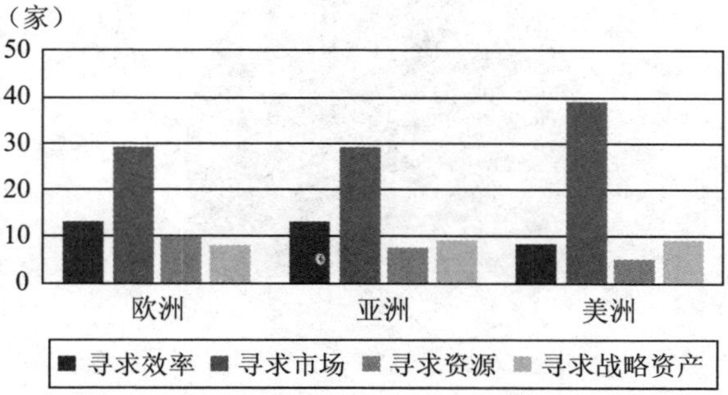

图 5.21　不同国别的跨国公司在华子公司经营目的

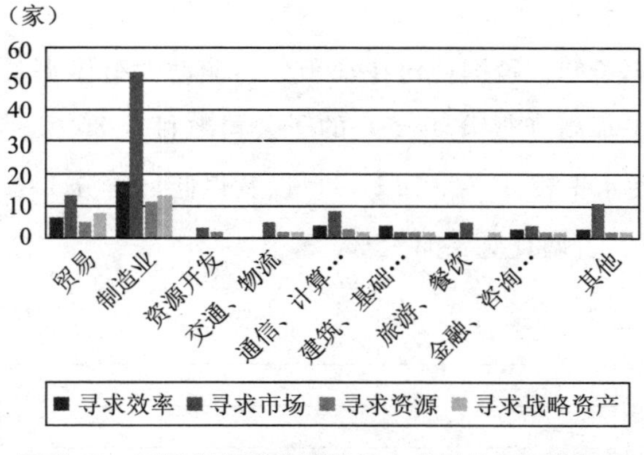

图 5.22　不同行业的跨国公司在华子公司经营目的

由图中可知，不同国家的跨国公司在华子公司中寻求市场型的子公司数目最多，尤其是美洲国家的在华子公司，比例高达 63.93%；美洲国家的跨国公司在华子公司次之，是以寻求战略资产型子公司数目居多，而欧洲国家和亚洲国家的跨国公司在华子公司则以寻求效率型的子公司数目居多。大部分行业的跨国公司在华子公司均是寻求市场型子公司数目最多，只有建筑、基础设施建设行业的子公司是以寻求效率型的子公司数目最多。

5. 跨国公司在华子公司能动性

通过问卷调查，现阶段跨国公司在华子公司各个能动性得分区间的子公司数目如图 5.23 所示。

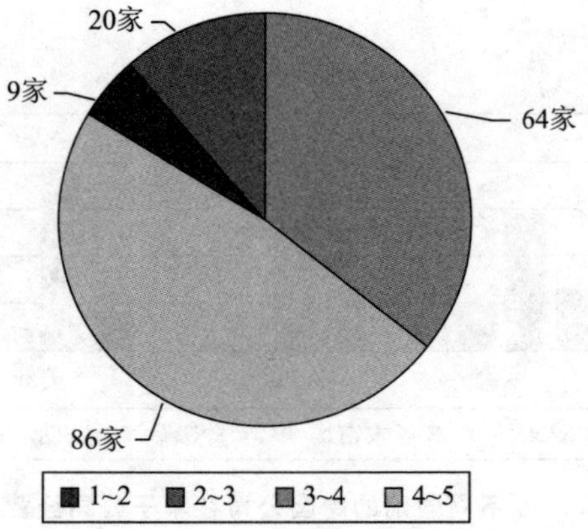

图 5.23　跨国公司在华子公司能动性

由图中数据可知，跨国公司在华子公司能动性整体水平较高。其中子公司能动性水平很高（得分 4~5）的子公司数目为 86 家，占调查对象的 48%；而能动性水平较低（得分 2~3）以及很低（得分 1~2）之间的子公司数目共 29 家，占调查对象的 15%。

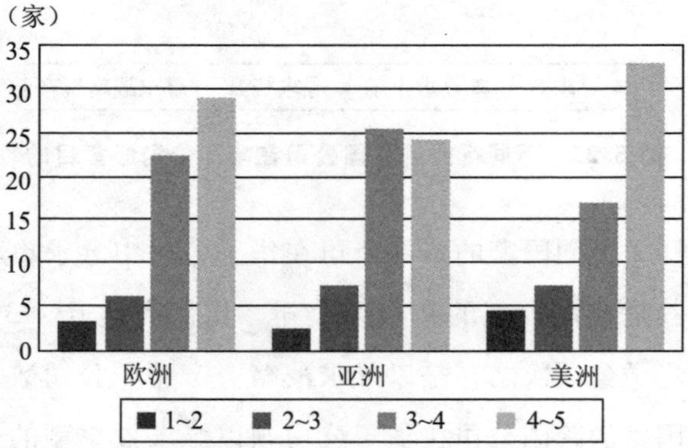

图 5.24　不同国别的跨国公司在华子公司能动性

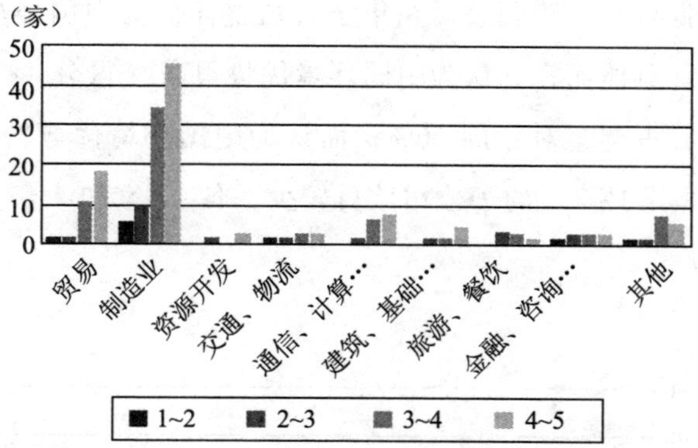

图 5.25 不同行业的跨国公司在华子公司能动性

由图中可知，现阶段不同国家的跨国公司在华子公司的能动性水平不同。其中欧洲国家和亚洲国家的跨国公司在华子公司能动性水平很高的子公司数目最多，尤其是美洲的跨国公司在华子公司，比例达到了 54.10%。而亚洲的跨国公司在华子公司则以能动性水平较高的子公司居多。总体而言，不同国家的跨国公司在华子公司能动性较高和很高的子公司数目基本相当。

现阶段不同行业的跨国公司在华子公司的能动性水平不同，但是总体上均是能动性水平很高和能动性水平较高的子公司比例高。具体而言，大多数行业的在华子公司能动性很高，而旅游餐饮和金融咨询服务的子公司却是以能动性较低居多，而其他行业的子公司则主要是能动性较高的居多。

6. 东道国环境优势

通过问卷调查，现阶段跨国公司在华子公司各个东道国环境优势得分区间的子公司数目如图 5.26 所示。

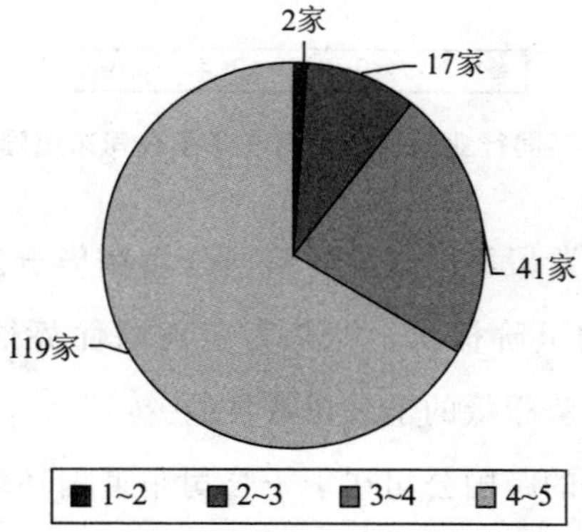

图 5.26 跨国公司在华子公司东道国环境优势

由图中数据可知，跨国公司在华子公司整体认为中国环境优势很高的企业数目居多。具体而言，认为中国环境优势很高（得分 4~5）的子公司数目为 119 家，占调查对象的 66%；而认为中国环境优势较低（得分 2~3）和很低（得分 1~2）的子公司数目较少，各 17 家和 2 家，占调查对象的 10%和 1%。

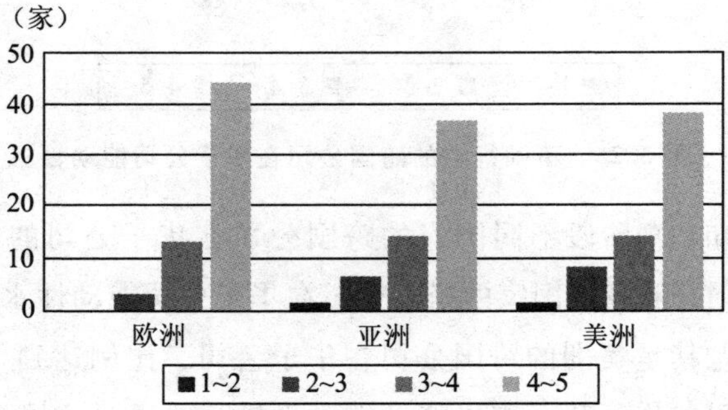

图 5.27　不同国别的跨国公司在华子公司东道国环境优势

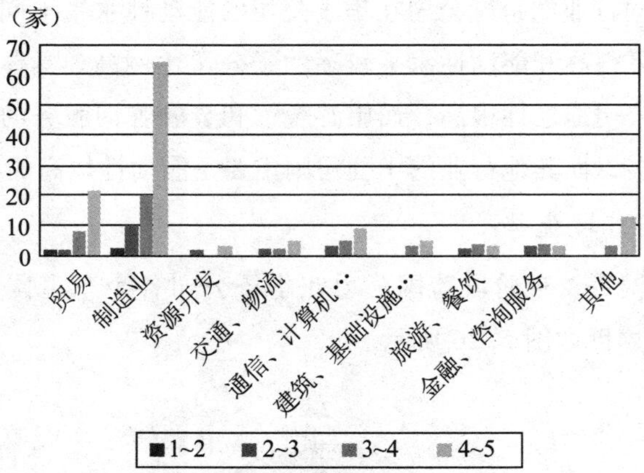

图 5.28　不同行业的跨国公司在华子公司东道国环境优势

由图中可知，现阶段不同国家的跨国公司在华子公司的东道国环境优势比例大致相同，均呈阶梯状，即认为东道国优势很高的子公司数目最多，而认为东道国优势很低的子公司数目最少。

现阶段不同行业的跨国公司在华子公司东道国环境优势分布总体与不同国别的分布相当，即呈阶梯状，认为东道国优势很高的子公司数目最多，而认为东道国优势很低的子公司数目最少；只有旅游餐饮和金融咨询服务行业的子公司认为东道国环境较高的子公司比例较大。

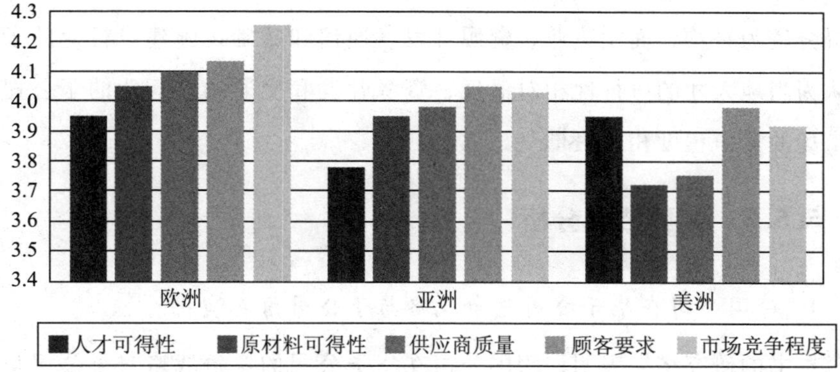

图 5.29　不同国别的跨国公司在华子公司东道国环境优势各个维度得分

由图中可知，现阶段不同国家的跨国公司在华子公司在东道国环境优势各个维度上的得分不同。具体而言，欧洲的跨国公司在华子公司认为中国的市场竞争程度相对最高，而人才的可得性相对最低；而亚洲的跨国公司在华子公司则认为中国市场的顾客要求相对最高，而人才的可得性相对最低；美洲国家的跨国公司在华子公司认为中国市场的顾客要求相对最高，而原材料的可得性相对最低。

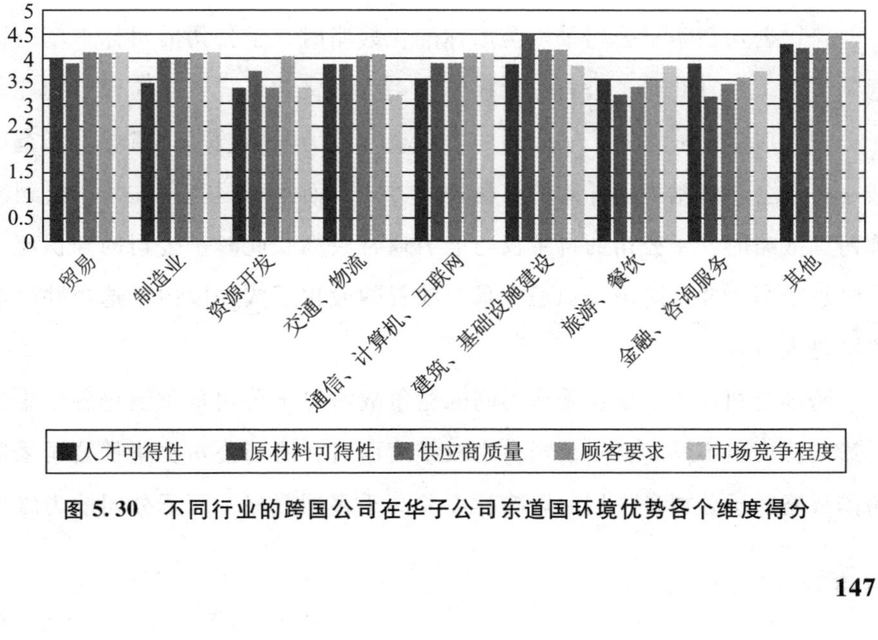

图 5.30　不同行业的跨国公司在华子公司东道国环境优势各个维度得分

由图中可知，现阶段不同行业的跨国公司在华子公司在东道国环境优势各个维度上的得分不同，但是各个行业的东道国环境优势得分总体较为平均。其中，贸易业和其他行业的子公司在东道国环境优势的各个维度上的得分较为平均，而制造业、资源开发、通信和基础设施建设行业的子公司认为当地人才的可得性相对最低；资源开发和交通物流行业的子公司认为市场的竞争程度相对最低。

5.5.2 模型结果分析

1. 跨国公司在华子公司竞争战略与子公司角色演化

本书的研究结果表明，跨国公司在华子公司的竞争战略对子公司角色演化具有显著的影响作用。跨国公司在华子公司采取不同的竞争战略需要不同的子公司角色与之匹配。通过调查数据分析，发现跨国公司在华子公司并非采取某一种竞争战略，而是采取各种竞争战略的组合，这就要求子公司必须灵活处理自身的角色定位，以保证子公司竞争战略的顺利实施。从作用路径上分析，一方面，跨国公司在华子公司的竞争战略直接影响子公司角色的各个维度，另一方面，跨国公司在华子公司的竞争战略通过影响子公司的股权模式和市场进入方式的选择而进一步影响子公司的角色演化。

跨国公司在华子公司采取全球标准化战略时，子公司的目标市场范围通常较大，并且此时子公司的股权模式多为合资的形式；当跨国公司在华子公司采取多国战略时，子公司的自主权与能力通常较高，目标市场范围较小，子公司通常采用并购的市场进入方式；而当跨国公司在华子公司采取跨国战略时，子公司的自主权与能力通常较高，此时子公司的知识流动水平也较高，并且跨国公司通常采取独资的股权模式并倾向于选择并购的市场进入方式。

跨国公司在华子公司采取不同的竞争战略对子公司角色演化各个维度的影响程度也不同。就子公司自主权维度而言，跨国公司在华子公司采取跨国战略对子公司自主权的影响程度要高于多国战略，而子公司能力维度则恰好相反；就子公司股权模式而言，子公司采取全球标准化战略时较跨国战略更倾向于采取合资的形式；而对于子公司的市场进入方式，则采取多国战略的子公司相较于采取跨国战略的子公司更倾向于选择并购的市场进入方式。

并且，跨国公司采取同一竞争战略对子公司角色不同维度的影响程度也不同。子公司采取多国战略对子公司能力的影响最为显著，对子公司自主权的影响次之；子公司采取跨国战略时，则是对子公司目标市场的影响最为显著，对子公司知识流动的影响和自主权的影响次之，对子公司能力的影响相对最不显著；而子公司采取全球标准化战略对子公司目标市场范围的影响程度较所有其他子公司竞争战略对子公司角色维度的影响而言最为显著。

2. 子公司股权模式与子公司角色演化

通过模型结果分析，跨国公司在华子公司的股权模式与子公司的自主权具有显著的相关性。因此，跨国公司在华子公司采取不同的股权模式对应的子公司的自主权不同。通过对比独资和合资两组子公司的自主权情况，本书发现，采取合资形式的跨国公司在华子公司拥有较高的自主权。这一研究结果与 Garnier（1982）① 和 Gates 等（1986）② 的研究结论相一致。

3. 子公司市场进入方式与子公司角色演化

通过研究发现，跨国公司在华子公司的市场进入方式与子公司的自主权和知识流动均具有显著的相关性，其中，市场进入方式与子公司知识流动的相关关系最为显著，自主权次之。而子公司的市场进入方式与子公司能力之间则不存在相关性。通过对比新建和并购两组子公司自主权和知识流动水平的情况，本书发现，采取新建方式的跨国公司在华子公司自主权

---

① Garnier G H. Context and decision making autonomy in the foreign affiliates of US multinational corporations [J]. *Academy of Management Journal*, 1982, 25 (4): 893-908.

② Gates S R, Egelhoff W G. Centralization in headquarters-subsidiary relationships [J]. *Journal of International Business Studies*, 1986: 71-92.

和知识流动水平均低于采取并购的子公司。这一研究结果与 Garnier (1982)① 和 Hedlund (1981)② 的研究结论相一致。

4. 子公司经营目的与子公司角色演化

实证研究结果表明，跨国公司在华子公司的经营目的与子公司自主权存在相关性，即子公司实施不同的经营目的对应着不同的自主权水平。这一研究结果与 Eckert 和 Rossmeissl (2007)③ 的研究结论相一致。通过模型结果分析，本书发现跨国公司在华子公司经营目的为寻求战略资产时，子公司自主权平均水平最高，而子公司经营目标为寻求市场时对应的自主权平均水平最低；并且，子公司经营目标为寻求效率与寻求市场之间、寻求市场与寻求战略资产之间对应的子公司自主权的差异显著，尤其是寻求市场型子公司与寻求战略资产型子公司之间。

5. 子公司能动性与子公司角色演化

通过研究发现，子公司能动性是跨国公司在华子公司角色演化的重要影响因素，其对子公司角色演化的影响系数高于子公司竞争战略的影响系数。具体而言，子公司能动性对子公司角色演化的影响主要包含两个方面：一是子公司能动性直接作用于子公司角色的各个维度，二是子公司角色演化会进一步影响子公司的能动性，并通过对子公司能动性的影响进而影响跨国公司在华子公司的竞争战略。

首先，本书认为子公司能动性对子公司角色演化的影响主要体现在子公司自主权、能力和知识流动 3 个方面，其中，子公司能动性对子公司知识流动的影响作用最为显著、子公司自主权次之，而对子公司能力的影响相对较低；并且通过模型检验，本书发现子公司能动性对子公司价值链活

---

① Garnier G H. Context and decision making autonomy in the foreign affiliates of US multinational corporations [J]. *Academy of Management Journal*, 1982, 25 (4): 893-908.

② Hedlund G. Autonomy of subsidiaries and formalization of headquarters-subsidiary relationships in Swedish MNCS. IN L. Otterbeck (eds), The Management of Headquarters-subsidiary Relationships in Multinational Corporations [M]. St. Martin Press, 1981.

③ Eckert S, Rossmeissl F. Local heroes, regional champions or global mandates? Empirical evidence on the dynamics of German MNC subsidiary roles in Central Europe [J]. *Journal of East-West Business*, 2007, 13 (2-3): 191-218.

动附加值的影响并不显著。因此，能动性高的子公司会倾向于拥有较高的自主权、能力和知识流动水平。

第二，本书认为子公司角色演化会进一步影响子公司的能动性，进而通过子公司能动性影响跨国公司在华子公司的竞争战略。具体而言，子公司能力、目标市场范围和知识流动对子公司的能动性具有正向影响，而子公司能动性的变化又进一步影响了子公司跨国战略的选择。从影响效果来分析，子公司能力对子公司能动性的影响最为显著，子公司知识流动对子公司能动性的影响系数略低于前者，而子公司目标市场范围对子公司能动性的影响相对而言最低。

此外，子公司能动性能够显著影响跨国公司在华子公司的竞争战略。通过模型结果分析，本书发现子公司能动性对子公司采取跨国战略的影响系数非常高，即能动性高的子公司倾向于采取跨国战略。结合前文的分析，即子公司自主权、能力、目标市场范围和知识流动的提高会对跨国公司在华子公司采取跨国战略起促进作用。

6. 东道国环境优势与子公司角色演化

本书的研究结果表明，东道国环境优势对子公司角色演化的影响最为显著。东道国环境优势对跨国公司在华子公司角色演化的影响主要体现在子公司自主权、子公司能力、子公司价值链活动附加值和子公司知识流动4个方面，其中，东道国环境优势对子公司能力的影响系数最高，子公司自主权次之，而对子公司价值链活动附加值的影响相对最低；并且总体上看，东道国环境优势对子公司角色演化的影响作用要高于子公司能动性和子公司竞争战略。因此，提高我国的环境优势，有助于跨国公司在华子公司自主权、能力和知识流动水平的提高，并有助于跨国公司在华子公司从事的价值链活动由低端向高端转移。

5.6 本章小结

本章对基于竞争战略的跨国公司在华子公司角色演化影响机制概念模型进行实证分析。首先在文献的基础上采用科学合理的步骤进行问卷设计，数据收集沿用上一章的调查对象并通过独立样本 T 检验测试了数据的可靠性和有效性。在此基础上，本书通过计算各个变量测量题项的信度和效度来验证量表的可靠性。最后根据不同的数据类型选取不同的统计分析方法进行研究，通过实证结果分析，验证了26个假设。

第 6 章　案例研究

本章运用案例研究方法，对本文的理论研究推导与实证检验获得的模型进行质化研究，即运用定性的方法解释定量结论，从而实现研究结论的推进、补充和扩展。通过对前文的回顾与总结，选取了 2 家具有代表性的跨国公司在华子公司作为案例研究对象，分别从子公司角色分类、角色演化路径和角色演化影响因素 3 方面进行案例分析。

6.1　案例研究对象

通过前文的理论研究，跨国公司子公司角色演化路径主要包含稳定型、发展型、波动型和退化型 4 种。进而，本书以此为基础，对 179 家跨国公司在华子公司进行问卷调查。通过数据整理与分析，发现跨国公司在华子公司最常见的角色演化路径为稳定型与发展型，因此，本书将分别选取稳定型与发展型的跨国公司在华子公司为研究对象，利用问卷数据、与子公司管理人员的半结构化访谈以及二手资料进行案例分析。通过对回收问卷的进一步归类与筛选，选取青岛四方庞巴迪铁路有限公司（简称 BST 公司）与三星电子（苏州）半导体有限公司作为案例研究的对象。

6.1.1　BST 公司背景

青岛四方庞巴迪铁路运输设备有限公司［Bombardier Sifang（Qingdao）Transportation Ltd.，BST］，前称青岛四方—庞巴迪—鲍尔铁路运输设备有限公司，成立于 1998 年，公司占地 78 万平方米，公司雇员人数约 3000 人，年营业额约 60 亿元人民币，从事铁路设备的制造，主要产品为 25T 客车、和谐号 CRH1 型电力动车组、CRH380D 型动车组等机车产品。

BST 公司是国内知名铁路车辆生产企业，也是中国铁路客车制造业内首家中外合资公司，母公司分别为南方四方车辆有限责任公司和加拿大庞巴迪公司。南方四方车辆有限公司是中国南车股份有限公司的全资子公司，前身为四方机车车辆厂，始建于 1900 年，从事铁路机车车辆产品的研发、制造和服务，拥有铁路高档客车新造、铁路高档客车修理、铁路机车车辆零部件及能源设备配套、铸锻、物流 5 大产业板块和生产基地。加拿大庞巴迪公司作为世界 500 强公司之一，是世界轨道交通装备技术的领导者，以及世界第 3 大民用飞机制造商，在加拿大多伦多证券交易所挂牌交易，并且是道琼斯可持续发展全球指数和北美指数的成分股。庞巴迪公司主要包含运输集团和航空集团两部分，其中庞巴迪运输集团专门致力于轨道交通运输装备的生产制造以及预支相关的综合业务。此外，庞巴迪运输集团还开展轨道交通运输设备的维修保养与全球物流等全方位技术服务。

6.1.2 三星电子（苏州）半导体有限公司背景

三星电子（苏州）半导体有限公司是三星集团下属的三星电子株式会社独立投资的企业，成立于 1994 年，位于苏州工业园区内，首期投资额达 1.5 亿元，目前雇员人数约 3 万人，年营业额约 500 亿元人民币，从事半导体电子设备的生产和研发，主要产品为 SOP，DIP，QFP，TR 等。

三星集团是韩国最大的企业集团，包括 85 个下属公司及若干其他法人机构，在近 70 个国家和地区建立了近 300 个法人及办事处，员工总数 20 余万人，旗下子公司包含三星电子、三星 SDI、三星 SDS、三星电机、三星重工和三星生命等，业务涉及电子、金融、机械、化学等众多领域。三星在中国的发展可追溯到 20 世纪 70 年代，在中、韩还没有建交的历史背景下，三星经香港从中国进口煤炭，这是韩国企业在新中国成立以后和中国进行的第 1 笔贸易；1992 年 4 月，三星康宁公司在天津成立三星第一家在华合资企业。1992 年 8 月，中韩两国建交以后，三星在中国的发展开始加速，1995 年 1 月，为加强三星在华业务，三星成立了三星集团中国总部。

6.2 案例分析与结论

6.2.1 BST公司角色演化

1. BST公司的角色

（1）自主权。BST公司的自主权从公司创立开始一直维持在较低水平并没有发生明显变化。具体而言，BST公司在产品的生产决策方面自主权很高，能够自主决定自己的库存水平，并且在产品质量决策方面也拥有较高的话语权；在人力资源决策方面，BST公司的人力资源本土化程度一般，高级管理者中外籍母公司指派所占比重较大，但是人员的培训通常由BST公司自主完成。此外，在营销、财务和研发决策方面，BST公司的自主程度较低，尤其是研发决策，BST公司在研发项目的选择以及研发预算的制定方面需要获得母公司的批准，即母公司控制着BST公司的技术发展方向。

（2）能力。BST公司整体能力水平较高，并且随着发展保持不断提高的趋势。具体而言，BST公司的生产以及采购能力较高，主要体现为BST公司拥有全面的产品组合和先进的生产管理技术与质量标准体系，并且BST公司通过大批量采购以及与供应商形成长期稳定的合作关系，从而在采购上拥有更多的优势。但是BST公司在人力资源管理方面的能力较低，尤其是辞职率很高。

（3）目标市场。BST公司的目标市场为中国市场，主要生产满足中国国内铁路提速需要的高档豪华客车、高档客车车体、电力动车组、城市轨道交通车辆，甚至包括高档豪华双层客车。

（4）价值链活动。BST公司自成立初期至今的主要价值链活动为产品和服务的生产，并且预期10年后也不会发生明显变化。但是其在日常生产环节的同时，逐步加入了研发职能，为了满足中国铁路的提速，BST公司在引进庞巴迪公司先进车型的基础上，利用国内外先进技术，对该车型进行改良，并将其命名为“和谐号”。

（5）知识流动。BST在中国的技术策略是系统化转让，即BST公司在华所用的系统全部是庞巴迪系统，如 SMB 庞巴迪制造系统、庞巴迪管理系统等。BST 公司成立初期知识流入水平较高，在其他子公司需要其知识支持时能够迅速提供帮助，但是其知识流出水平中等。随着 BST 公司的发展，其知识流出水平保持稳定，但是其知识流入水平开始逐步下降尤其是由母公司的知识流入由较高逐渐转变为较低水平，而其他子公司知识支持的获取也有小幅下降。

2. BST 公司的角色演化路径

根据上述总结，BST 公司成立之初，自主权较低、能力较高、目标市场定位于中国市场、从事产品和服务的生产活动，并且与母公司之间的知识流动程度较高，因此属于 10 号型子公司；现阶段 BST 公司的自主权、能力、目标市场范围和价值链活动程度没有发生明显变化，而与母公司之间的知识流动程度略有下降，其角色类型没有发生改变；预期 10 年后，BST 公司的能力将有所提升，而与母公司之间的知识流动进一步小幅下降，但仍会维持在较高水平，其他方面没有明显变化，因而 BST 公司角色类型依旧为 10 号型。因此，BST 公司的角色演化路径为稳定型，其中，能力维度呈现发展型变化、知识流动维度呈现退化型变化，其他维度维持稳定。

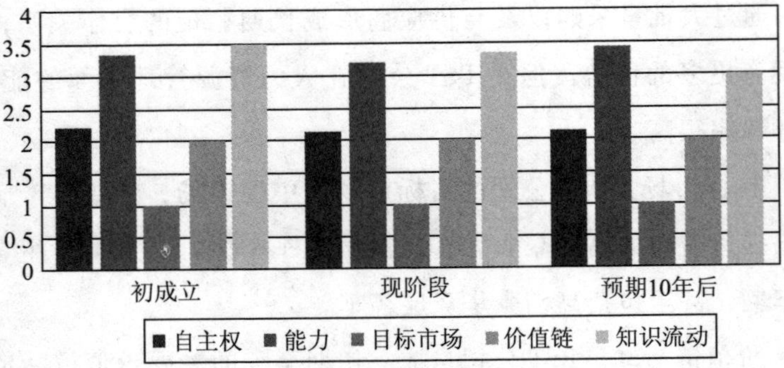

图 6.1 不同时期 BST 公司的角色

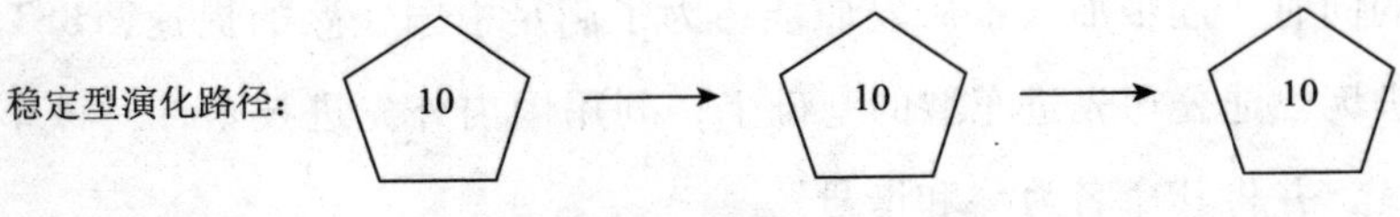

图 6.2 BST 公司角色演化路径

3. BST 公司的角色演化影响机制

BST 公司自成立以来角色类型没有发生改变，只有能力维度和知识流动维度有小范围的波动，分析其原因，主要在于 BST 公司的竞争战略、股权模式、能动性以及我国环境优势 4 个方面。

BST 公司在华竞争战略自成立初期以来并没有发生明显变化。具体而言，庞巴迪运输集团在华竞争战略为多国战略和跨国战略为主，全球标准化战略为辅，即通过利用多个领域组合发展的有利优势，实施产品的本土化战略，将先进的技术与管理经验传授给其在中国的合资企业或合作伙伴，营造互利共赢的发展局面。因此，BST 公司自成立以来其战略定位一直是立足于中国市场，通过吸收庞巴迪公司的先进管理理念和火车制造技术，使公司成为中国铁路高端客车的主要供应商之一。因此，BST 公司具有较高的子公司能力，尤其是采购和生产能力，目标市场定位于中国市场，并且与跨国公司其他单元的知识流动水平也较高。

而 BST 公司自成立以后股权结构发生了一定的变化。BST 公司的前身为青岛四方—庞巴迪—鲍尔铁路运输设备有限公司（BSP），于 1998 年 11 月 27 日经国家工商总局批准正式注册成立。BSP 公司是由青岛四方机车车辆厂与加拿大庞巴迪公司、鲍尔公司三方合资建立，总投资 6 亿多元人民币，合资期限为 50 年，其中四方机车车辆厂参股 50%，而剩余的 50%是由鲍尔和庞巴迪共同持股。2008 年，庞巴迪公司收购了鲍尔公司在 BSP 内的股份，自此庞巴迪公司和南车四方各持股 50%。2008 年 12 月 1 日，根据 BSP 公司董事会决议，“青岛四方-庞巴迪-鲍尔铁路运输设备有限公司”正式更名为“青岛四方庞巴迪铁路运输设备有限公司”。总体而言，BST 公司的股权结构虽然发生了改变，但是始终保持着中外双方各持股 50%的格局，因而股权模式并没有发生改变。

此外，BST 公司的能动性水平基本维持稳定，自主行为程度较低。究其原因，主要是由于 BST 公司的管理团队是双方股东驻派的，分别代表着中外双方的利益，而中外双方的高管经常出现利益纷争，机构调整频繁，不利于提高工作效率。并且，中高层均由母公司外派的格局，使得 BST 公司的中、基层管理者发展受限，因而造成了人才的大量流失，进而也影响了 BST 公司能动性的提高。

最后，BST 在华的经营环境发生了改变，尤其体现在中国市场的竞争程度方面。随着南车、北车的成功上市，BST 公司在中国的 2 大竞争对手的融资能力进一步加强，市场竞争程度加大。此外，国家发改委于 2010 年下发了《关于进一步推进城市轨道交通装备制造业健康发展的若干意见的通知》，进一步鼓励轨道交通运输装备的国产化，加大了对本国企业的扶持与保护。在这种环境下，BST 公司需要不断提高自身能力以应对国产化压力和国内竞争对手的挑战。

6.2.2 三星电子（苏州）半导体有限公司角色演化

1. 三星电子（苏州）半导体有限公司的角色

（1）自主权。三星电子（苏州）半导体有限公司自成立以来一直保持着较高的自主权水平，并且随着经营年限的不断增长，自主权水平持续提高。具体而言，三星电子（苏州）半导体有限公司在营销、生产和研发方面自主程度很高，能够独立地决定广告内容以及自身的分销渠道，并且在研发项目的选择上也拥有绝对的自主权，而在财务和人力资源方面的自主权较高，预期 10 年后三星电子（苏州）半导体有限公司的自主权水平会进一步提高。

（2）能力。三星电子（苏州）半导体有限公司的能力从创建初期的较低逐步向较高以及很高的水平发展。在公司成立初期，其生产和销售能力较高，而研发和采购能力较低，尤其是在评估和挑选供应商方面的能力较低。现阶段，三星电子（苏州）半导体有限公司的各项能力较成立初期均有了明显提升，尤其是采购能力，这也与其积极的渠道建设策略密不可分。预期 10 年后，其各项能力还会得到进一步提高。

（3）目标市场。三星电子（苏州）半导体有限公司自成立初期至现阶段，在满足中国市场需要的同时，还积极向海外拓展业务，产品远销新加坡、中国香港、中国台湾以及东南亚的国家和地区。目前，三星电子（苏州）半导体有限公司正在努力开发欧美市场。预期 10 年后，三星电子（苏州）半导体有限公司将努力占领全球市场。

（4）价值链活动。随着在华经营年限的增长，三星电子（苏州）半导体有限公司的价值链活动也发生了变化。成立初期，三星电子（苏州）半导体有限公司的主要价值连活动为产品生产，因此只具备生产、制造等环节，但是随着三星中国以及其自身的战略发展，其价值链活动的重心逐步转向研发等附加值较高的价值链活动。预期 10 年后，三星电子（苏州）半导体有限公司将成为三星集团在华的区域中心。

（5）知识流动。三星电子（苏州）半导体有限公司与母公司以及其他子公司的知识流动一直保持着较高的水平，并且知识流入与知识流出的比例相当。随着其经营年限的增长，知识流动水平基本维持稳定。

2. 三星电子（苏州）半导体有限公司的角色演化路径

根据上述总结，三星电子（苏州）半导体有限公司自成立初期至今，其角色的各个维度均有所提高。具体而言，三星电子（苏州）半导体有限公司的决策自主权程度自成立初期至今一直维持较高水平并将不断提高；其能力水平也由成立初期的较低逐步向较高水平发展；目标市场也将从中国市场逐步迈向全球市场，同时价值链活动也将从初期的生产逐步向研发等高附加值活动转移；与跨国公司集团的知识流动水平也一直保持着较高水平。总体而言，三星电子（苏州）半导体有限公司的子公司角色演化路径为发展型，具体表现为子公司自主权、子公司能力、目标市场范围和价值链活动附加值维度的发展型演化，而知识流动维度则保持稳定。

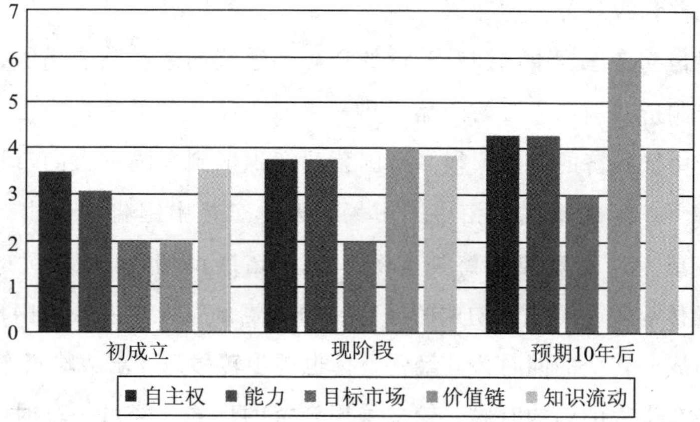

图 6.3 不同时期三星电子（苏州）半导体有限公司的角色

发展型演化路径：

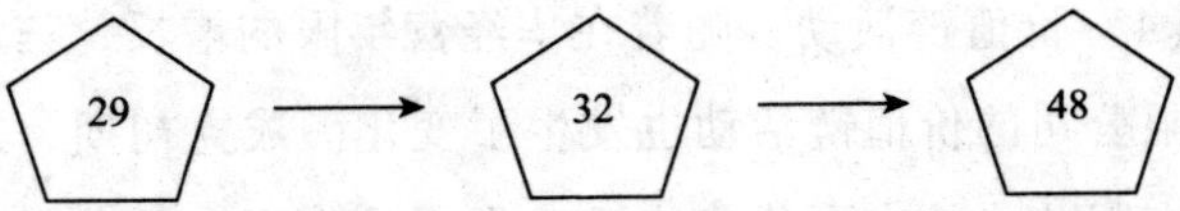

图 6.4　三星电子（苏州）半导体有限公司角色演化路径

3. 三星电子（苏州）半导体有限公司的角色演化影响机制

三星电子（苏州）半导体有限公司角色演化的原因可以分为 4 个方面，一是三星集团的全球战略以及其自身竞争战略的调整，二是其经营目的的转变，三是其股权策略的调整，四是中国市场环境发生了较大的变化。

三星集团从 1993 年开始进行“新经营”改革，重视产品的设计和研发能力，积极培育三星自身的数字品牌。三星在中国设立了北京通信研究所、苏州半导体研究所等研究机构，外加一系列具备研发能力的生产法人，中国将会成为三星的超级研发中心。并且三星为了树立良好的企业形象，一直积极投身到社会公益活动中，如植树、保护香山、设立奖学金等，努力成为“受中国人民爱戴的，贡献于中国社会的企业”。三星在中国的战略也经历了相应的改革，从最初的全球标准化战略转向当地化、多元化战略，将成熟的产品引进中国并进行本土化开发。三星电子（苏州）半导体有限公司作为三星中国的分支机构，其竞争战略的选取也从初成立时的强调全球标准化战略逐步转变为强调多国战略与跨国战略，重视产品的当地化并积极学习当地知识。

三星最初考虑到中国拥有廉价的资源和适宜的生产制造场所，将中国作为生产制造基地和主要的产品出口基地，主要生产低端、模仿产品。但是，随着中国经济的发展，很多跨国公司意识了到中国巨大的市场容量及其发展潜力，更加重视开拓中国市场。因此三星中国将中国由“生产基地”转变成为“最重要的海外业务和品牌拓展市场”。而三星电子（苏州）半导体有限公司成立初期的经营目的主要是靠近和占领中国市场，在三星中国战略转变的同时，其经营目标也逐步转移为寻求战略资产。

三星在进入中国的时候，较多采用合资的形式。经过一段时间的发展之后，三星逐渐熟悉了中国市场的环境，因此三星中国逐渐增资扩股，取得控股地位，以强化对其分支机构的控制力度。为了配合三星中国集团的股权安排模式，三星电子（苏州）半导体有限公司采取新建的市场进入方式，一直采取独资的股权模式。

中国的市场环境也在发生着变化。加入 WTO 以后，三星在中国市场发挥作用的空间逐步扩大，不但在合资比例上有所放宽，而且在投资领域选择上也有更大的余地。这样，中国三星就可以在很多领域运用自己作为企业集团的整合优势，形成完整的内部网络体系，从而有益于其多元化战略的实施，也有利于其关键价值链环节的协调构建。中国完善的市场发展程度，造就了大批有能力的渠道成员，中国三星在进入市场范围的选择因此有了一定“游刃有余”的范围，完全不同于最初进入市场时的局限无奈。因此，三星电子（苏州）半导体有限公司在中国市场的人才、原材料的可得性、供应商质量、顾客要求以及市场竞争程度等方面都有大幅提升。

预期10年后，三星中国将一直重视中国市场的战略地位。而三星电子（苏州）半导体有限公司也将会加大对本土人才的利用，强化设计研发等的力度，使其经营活动不断向价值链的上游转变，并且三星电子（苏州）半导体有限公司的自主权、能力以及与三星集团之间的知识流动水平也将不断提升，逐步成为三星集团在华的区域中心。

6.3 本章小结

本章根据前文调查研究的结果，选取了稳定型演化的跨国公司在华子公司——青岛四方庞巴迪铁路运输设备有限公司与发展型演化的跨国公司在华子公司——三星电子（苏州）半导体有限公司作为研究对象，通过问卷调查、访谈以及二手数据的收集进行案例分析，从具体企业的角度出发进一步揭示了跨国公司在华子公司角色的演化情况以及跨国公司竞争战略、子公司股权、东道国环境等因素对子公司角色演化的影响。

第 7 章　结论、对策建议与未来研究发展方向

7.1　结论

本书从子公司分类、子公司角色演化路径和子公司角色演化影响机制 3 方面分析了跨国公司在华子公司角色演化，引入了跨国公司竞争战略作为跨国公司子公司角色分类与演化的重要影响因素，在访谈和问卷调查的基础上，提出了基于跨国公司竞争战略的子公司角色演化影响机制，明确了不同的影响因素对子公司角色演化的作用路径。

7.1.1　跨国公司在华子公司角色分类

本书利用规范分析的方法，通过文献的回顾和梳理，基于跨国公司竞争战略理论提出了跨国公司子公司角色分类的 5 个维度，即子公司自主权、子公司能力、子公司目标市场范围、子公司价值链活动附加值以及子公司知识流动，并根据这 5 个维度提出了跨国公司子公司角色分类的概念模型。随后，在前人研究的基础上开发了跨国公司子公司角色分类量表，通过对 179 家跨国公司在华子公司初成立、现阶段和预期 10 年后 3 个时间点的情况进行问卷调查，发现跨国公司在华子公司的角色类型共有 22 种，其中初成立时有 21 种、现阶段有 14 种、而预期 10 年后，跨国公司在华子公司的角色类型会减少为 11 种。通过各种角色类型企业数目的统计，跨国公司在华子公司成立初期最主要的角色类型为 13 号型（子公司自主权、能力、知识流动水平高，价值链活动附加值低，目标市场为中国市场）、共 42 家，45 号型（子公司自主权、能力、知识流动水平高，价值链活动附加值

低，目标市场为全球市场）、共31家，29号型（子公司自主权、能力、知识流动水平高，价值链活动附加值低，目标市场为区域市场）、共29家以及11号与48号型（子公司自主权、能力、价值链活动附加值和知识流动水平高，目标市场分别为中国市场和全球市场）、各11家；现阶段以及预期10年后，跨国公司在华子公司的主要角色类型不变，只是各个类型的数目有所变化，其中13号型、29号型持续减少，16号型先增多再减少，而45号型和48号型将持续增多。通过对这几个角色类型各个维度的特点进行分析，本书发现，跨国公司在华子公司的子公司自主权、能力、知识流动水平均较高，而子公司价值链活动附加值也经历了由低向高转变的过程，目标市场范围也由中国市场逐步向全球市场扩张。因此本书将13号型、29号型以及45号型子公司角色分别命名为当地高级生产者、区域高级生产者以及全球高级生产者，将16号型和48号型子公司命名为当地运营中心和全球运营中心。

通过不同国别与不同行业的对比，本书发现，不同国别的跨国公司在华子公司角色类型的构成比例差异不大，总体遵循着成立初期角色种类较为分散，随着在华时间的不断增长，子公司角色种类越来越集中的趋势；成立时期欧洲的跨国公司在华子公司以当地高级生产者居多，亚洲国家的在华子公司以区域高级生产者居多，而美洲国家的在华子公司以全球高级生产者居多，并且随着时间的增长，各国的子公司角色逐渐转变为全球高级生产者和全球运营中心。不同行业的跨国公司在华子公司角色类型存在差异。贸易业子公司自成立至今以当地高级生产者居多，预期10年后将发展成为全球高级生产者居多；制造业子公司自成立至今以当地高级生产者以及全球高级生产者居多，预期10年后高级当地生产者和全球运营中心居多；其他行业因为调研数目较少，子公司角色种类分布较为分散，总体而言当地高级生产者、区域高级生产者以及全球高级生产者居多，并且总体的发展趋势也与贸易业和制造业子公司类似。

7.1.2 跨国公司在华子公司角色演化路径

通过文献回顾，跨国公司在华子公司的角色演化路径总体可分为稳定型、发展型、波动型和退化型。本书通过对不同时期的跨国公司在华子公司角色的调查研究，总结出跨国公司在华子公司角色演化路径主要包含稳定型、发展型、退化型、先稳定再发展型、先发展再稳定型、先退化再发展、先发展再退化、先退化再稳定和先稳定再退化型 9 种类型。因此，本书对跨国公司在华子公司角色演化路径从初成立至今、现阶段至预期 10 年后以及初成立至预期 10 年后 3 个时间段进行统计分析。

1. 跨国公司在华子公司初成立至现阶段

通过问卷调查分析可知，跨国公司在华子公司自成立初期至今，角色演化路径以发展型与稳定型居多，各占 41.34%，退化型子公司较少，占 17.32%。不同国家的跨国公司在华子公司角色各种演化路径的大致比例相似，其中发展型和稳定型角色演化路径的子公司中，欧洲的跨国公司和美洲的跨国公司比例较高；而退化型角色演化路径的子公司中，亚洲的跨国公司比例最高，而欧洲的跨国公司比例最低。并且，跨国公司在华子公司成立初期至今，不同行业的子公司角色演化路径差异较大。其中，制造业、建筑和其他行业的子公司角色演化路径以发展型居多、稳定型次之而退化型最少；贸易、交通物流、通信和金融行业的子公司角色演化路径稳定型居多、发展型次之、退化型最少。而旅游行业的子公司各种角色演化路径数目相等。

2. 跨国公司在华子公司现阶段至预期 10 年后

跨国公司在华子公司从现阶段到预期 10 年后，遵循发展型和稳定型角色演化路径的子公司数量均有所提高，各占 46.93% 和 45.81%，而遵循退化型角色演化的子公司数目明显减少，仅占 7.26%。不同国别的跨国公司在华子公司现阶段至预期 10 年后的角色演化路径存在明显差异，其中欧洲和亚洲的跨国公司在华子公司演化路径中稳定型居多、发展型次之；而美洲国家的跨国公司在华子公司角色演化路径则是稳定型的比例最高，达到了 55.74%。并且不同行业的跨国公司在华子公司现阶段至预期 10 年后角色演化路径的比例与其从初成立时期至今大致相当。区别在于金融咨询行业的子公司角色演化路径中发展型增多、稳定型减少并且退化型为零。另外，旅游餐饮行业的子公司角色研发中发展型增多、退化型减少。

3. 跨国公司在华子公司初成立至预期10年后

跨国公司在华子公司从成立初期至预期10年后，角色演化路径为发展型的子公司最多，占53.63%；角色演化路径为稳定型的子公司次之，占31.84%；角色演化路径为退化型和波动型的子公司数目较少，各占6.15%和8.38%。总体而言，不同国别的跨国公司在华子公司的角色演化路径均以发展型居多、稳定型次之，就不同的演化路径而言，发展型子公司角色演化路径中，美洲的跨国公司在华子公司比例最高而欧洲的比例最低；稳定型的子公司角色演化路径则相反；退化型和波动型的子公司角色演化中各个国家的跨国公司在华子公司比例相当。并且跨国公司在华子公司成立初期至预期10年后，贸易、制造业、基础设施建设、金融和其他行业的子公司发展型角色演化的比例较高，尤其是制造业；交通物流、计算机通信以及餐饮行业的子公司稳定型角色演化的比例较高；资源开发行业的子公司角色演化趋于稳定型；各个行业均存在波动型演化，但是比例较低；资源开发、建筑、旅游、金融以及其他行业不存在退化型角色演化。

7.1.3 跨国公司在华子公司角色演化影响机制

根据前人的研究，本书创新性地将跨国公司竞争战略因素纳入子公司角色演化影响因素中，提出了基于跨国公司竞争战略的子公司角色演化动态模型。并且根据问卷数据类型的不同，选取了二元逻辑回归、T检验、方差分析以及结构方程模型进行实证研究。数据结果分析表明：跨国公司在华子公司竞争战略中跨国战略和多国战略的得分水平较高，并且随着子公司经营年限的增长，多国战略的重要性不断提高并将超过跨国战略；不同国家的跨国公司竞争战略得分均保持升高的趋势，其中，欧洲国家的跨国公司在华子公司全球标准化战略的得分增速最高、多国战略次之，而跨国战略的得分基本维持稳定；亚洲国家和美洲国家均为多国战略的得分增幅最高，同时全球标准化战略得分和跨国战略得分均有小幅上升。就不同的竞争战略而言，跨国战略得分增幅最高的为美洲国家，多国战略得分增幅最高的为亚洲国家而全球标准化战略增幅最高的为欧洲国家；不同行业的子公司竞争战略不同，总体而言仍以多国战略和跨国战略的得分最高。现阶段跨国公司在华子公司股权模式以独资居多，尤其是欧洲国家的跨国公司在华子公司，独资比例达到了70%，而大多数行业的跨国公司在华子公司也均以独资居多。现阶段跨国公司在华市场进入方式以新建居多，并且国家间和行业间差异不大。现阶段跨国公司在华子公司的经营目的中寻求市场比例最高、其次为寻求效率，寻求资源的比例最低，并且不同国家和不同行业的跨国公司在华子公司也基本遵循这一规律。现阶段跨国公司在华子公司的能动性水平整体较高，得分在中等水平以上的子公司数目占调查对象的85%，并且不同国家之间和不同行业之间的比例大致相似。现阶段跨国公司在华子公司东道国环境优势水平整体较高，得分在平均数以上的子公司数目占调查对象的89%；从总体的平均值来看，不同国家和不同行业的跨国公司在华子公司的差异不大；从东道国环境优势的各个维度方面来看，欧洲的跨国公司在华子公司认为中国的市场竞争程度相对最高，而人才的可得性相对最低；而亚洲的跨国公司在华子公司则认为中国市场的顾客要求相对最高，而人才的可得性相对最低；美洲国家的跨国公司在华子公司则认为中国市场的顾客要求相对最高，而原材料的可得性相对最低；而各个行业的跨国公司在华子公司的东道国优势得分较为平均。

模型结果分析表明：跨国公司竞争战略对子公司角色演化具有重要影响，一方面，跨国公司竞争战略直接作用于子公司自主权、子公司能力、子公司目标市场范围和子公司知识流动4个维度，另一方面，跨国公司竞争战略对子公司股权模式和市场进入方式的选取有重要的影响作用，具体而言，跨国公司在华子公司采取全球标准化战略与跨国战略时更倾向于选择合资模式，并且跨国公司在华子公司采取多国战略与跨国战略时更倾向于选择新建的市场进入方式。而子公司股权模式和市场进入方式又进一步与子公司的自主权与知识流动维度相关；子公司经营目的、子公司能动性和东道国环境对子公司的角色演化也具有影响作用，子公司不同的经营目的会影响子公司的自主权，而子公司能动性和东道国环境对子公司自主权、子公司能力、子公司价值链活动附加值和知识流动4个维度均有正向影响。此外，子公司的角色演化会进一步影响子公司的竞争战略选择，其中，子公司能力、子公司目标市场和子公司知识流动对子公司能动性具有正向影响，而子公司能动性的提高则会使子公司选择跨国战略的概率提高。

通过实证研究，本书发现东道国环境对跨国公司在华子公司角色演化的研究最为显著、子公司能动性次之，而子公司竞争战略对子公司角色演化的影响相对最弱。这一研究结果与以往学者的研究不同：以往学者在对东道国为发达国家的子公司角色演化影响因素的研究中认为总部指派等因素对子公司角色演化的影响最为显著，而东道国环境因素对子公司角色演化的影响反而最弱、甚至统计上不显著（Dorrenbacher & Gammelgaard, 2006；Sergey & Geert, 2012）①②。这一实证结果代表着对于东道国为发达国家的跨国公司子公司与东道国为发展中国家（本书以中国为例）的跨国公司子公司角色演化影响因素的影响程度不同，尤其是东道国因素的影响程度。该实证结果产生的原因可能在于发达国家相较于中国而言经济环境更为完善，供应商、人才以及相关基础设施更为充足，因此子公司角色的演化主要受到母公司和子公司自身因素的影响，而中国的市场经济建设仍有待加强，供应商与人才的可得性相对较低，因此，跨国公司在华子公司的角色演化一方面受到母公司和子公司自身因素的影响、一方面更是受到了我国环境的影响。

7.2 对策建议

本书分析了不同时期跨国公司在华子公司的角色类型，角色演化路径以及子公司竞争战略、子公司自身因素和东道国环境优势对跨国公司在华子公司角色演化的影响机理，对跨国公司在华发展、我国企业的发展和我国政府引导外资具有重要的指导意义。

---

① Dörrenbächer C, Gammelgaard J. Subsidiary role development: The effect of micro-political headquarters-subsidiary negotiations on the product, market and value-added scope of foreign-owned subsidiaries [J]. *Journal of International Management*, 2006, 12 (3): 266-283.

② Filippov S, Duysters G. Evolving subsidiary roles and regional economic integration in Europe [J]. *Transformations in Business & Economics*, 2012, 11 (1): 35-53.

7.2.1 跨国公司在华发展的对策建议

通过调查研究结果分析，发现跨国公司在华子公司的竞争战略中多国战略的重要性不断提高，预期10年后会成为跨国公司在华子公司最重要的竞争战略；并且跨国公司在华子公司的角色也由生产者型逐步向运营中心型演化，这一现象反映了我国市场对跨国公司的战略重要性正在不断上升。因此，跨国公司在华子公司要获得真正的发展，就需要将跨国公司在华子公司的发展战略与中国产业发展战略与政策相协调。2015年中央经济工作会议明确提出“从高速增长转为中高速增长，经济结构优化升级”的经济发展新常态，针对这一新的经济发展方式，跨国公司在华子公司应重视以下几方面工作：

（1）积极承担企业社会责任。在公民意识提高、社会监督增强的今天，企业履行相应的社会责任已经成为企业和公民的共识，这反映了经济社会可持续发展的需要和时代、社会的进步，更是企业提升品牌形象，开拓国内外市场的一种重要手段。因此，跨国公司在华子公司需要将企业利益与东道国利益相关者、消费者以及环境等诸多方面的利益融合起来，将跨国公司自身的发展战略与中国经济的可持续发展战略相结合，积极承担企业相应的社会责任。

（2）融入中国的自主创新。中国经济新常态的重要特点之一就是经济发展动力由要素驱动、投资驱动转向创新驱动。因此，跨国公司在华子公司融入中国的自主创新，加强与中国企业和政府的合作，一方面可以获取中国企业市场信息帮助其自身实现产品研发的本土化，另一方面可以获得政府相应的政策支持与保护，从而有助于跨国公司在华子公司的进一步发展。

（3）实施归核化战略。归核化战略是指多元化经营的企业由于企业内外部环境的变化，为了降低多元化程度，基于对企业资源和能力的认识和对创造价值的判断，重新确立企业的经营规模和业务范围的一种战略（蒲明，2007）①。调查研究结果表明，我国的市场竞争程度以及顾客的要求均

① 蒲明．跨国公司归核化战略的理论探讨与启示［J］．对外经贸实务，2007，12：16-18.

在不断提高，因此跨国公司在华子公司实施归核化战略，有利于其集中力量开发新技术、新产品，构建新的核心竞争力以满足日益提高的顾客要求和适应竞争程度日益激烈的中国市场的挑战。

7.2.2 我国企业发展的对策建议

经济全球化使我国企业与全球经济的联系更加紧密，我国企业不仅要面临国内市场的竞争，更要面对国际市场的挑战。通过本书的研究发现，跨国公司在华投资逐年增高，并且在华子公司的能力也在不断增强，因此，我国企业需要重点做好以下工作：

（1）培育企业核心能力。企业核心能力是企业竞争优势的源泉。通过调查研究，发现现阶段跨国公司在华子公司的能力水平较高并且预期 10 年后仍会上升，因此，科学、系统地培育和维护企业核心能力是我国企业应对外部挑战、实现自身发展的必要条件。核心能力的培育需要我国企业增强创新能力，加大创新投入，完善企业制度建设，积极创建学习型组织，通过知识的获取、学习和积累来形成并提高企业的核心能力。

（2）重视人才国际化培养。当前中国与全球经济联系更加紧密，国内企业要面临跨国公司的竞争。同样，我们实施“走出去”战略，也需要大量外向型人才。因此，我们培养与引进人才必须与国际惯例接轨，按照参与国际竞争的标准来培养人才。通过调查研究，发现跨国公司在华子公司中高层管理者普遍认为我国的人才可得性较低，即我国非常缺乏国际化人才。因此，国际化人才的培养应得到我国企业的积极重视。为此，我国企业应大力营造尊重人才、尊重知识、尊重劳动、尊重创造的氛围，形成人才辈出、人尽其才、才尽其用的良好局面。既要确保企业核心人才队伍稳定，也要加强人才梯队建设，为企业的未来培养人才，特别是培养认同企业愿景、价值观的职业化人才。

（3）积极促成与跨国公司的战略联盟。跨国公司拥有雄厚的资金、技术、信息和人才优势，通过调查研究本书发现，跨国公司在华子公司能力与知识流动水平较高，因此与跨国公司在华子公司合作能够增加我国企业学习先进技术与跨国管理经验的机会。同时我国企业拥有丰富的当地市场信息以及渠道资源，因此，我国企业可以根据自身情况选择适合的合作伙伴，建立联盟结构与管理制度，通过优势互补得到共同发展。

7.2.3 我国政府引导外资的对策建议

本书研究结果表明东道国环境优势是影响跨国公司在华子公司角色演化的重要因素，通过东道国环境优势的提高，可以引导跨国公司在华子公司由生产者向运营中心型等高附加值的角色类型演化，因此，为了提高我国的环境优势，需要政府进一步完善我国的市场机制，推进产业升级，进一步提高我国的经济发展水平。

（1）建立合理的法律法规体系。市场经济应当是建立在完善法律体系之上的，而完善的法律体系不但需要完整细致的法律条文，也需要规范的立法和执法机构。为此，我国政府在积极完善相关政策法律的同时还应该加强立法与执法的监管。同时，为了维护市场的公平秩序，我国政府应采取禁止垄断、共谋行为，限制不公平交易等政策措施，并完善维护消费者权益以及生态环境的政策法规，以引导我国市场经济的良性发展。

（2）重视高新技术产业发展。高新技术产业是国民经济的先导性、战略性产业，加速发展高新技术产业是我国推进产业转型升级，提升经济发展水平的必然选择。政府各级部门要认识到发展高新技术产业对于我国经济社会发展的重要意义，贯彻落实相关政策，加大资金投入，加快园区建设，培育创新体系，以促进高新技术产业的蓬勃发展。

7.3 未来研究发展方向

尽管本书对跨国公司在华子公司角色演化的研究做了许多努力，并取得了一定的研究成果，但是仍然存在一定的局限性。

首先，本书从战略的视角对跨国公司在华子公司角色演化进行研究，在传统的跨国公司子公司角色演化影响机制研究的基础上创新性地引入了子公司竞争战略这一影响因素。然而，跨国公司的竞争战略等因素以及子公司角色各个维度包含多个方面，但是本书为了明晰主要变量之间的关系，未在模型中进行变量的差异化分析。因此在未来的研究中，可以进一步对子公司角色的各个方面进行剖析，分析不同竞争战略以及其他因素的具体维度对子公司角色演化的影响作用机理。

其次，在数据收集方面，本书在对跨国公司在华子公司调查的过程中，因为自身能力与客观条件的限制，调查对象数目有限，因此没有进行分行业与分国别的跨国公司在华子公司角色演化影响机制的研究。并且，在数据质量方面，虽然本书的量表是基于前人的研究成果并通过小组讨论经过了反复的修改，取得了良好的信度和效度，同时数据质量也通过了独立样本T检验进行了验证，但是由于量表是由调查对象主观填写，难免会存在误差。因此，在未来的研究中，可以继续扩充调查对象数目，并且采用主观数据与客观数据相结合的方法提高调查的精度。

参考文献

[1] 安德鲁·坎贝尔，凯瑟琳·萨姆斯·卢克斯著．战略协同［M］．任通海，龙大伟译．2000.

[2] 陈浪南，洪如明，谢绵陛．我国企业跨国市场进入方式的选择战略［J］．国际贸易问题，2005，7：85-90.

[3] 丛聪，徐枞巍．跨国公司母子公司关系研究——基于知识的视角［J］．科研管理，2010（5）：172-177.

[4] 杜胜利．CFO管理前沿［M］．北京：中信出版社，2003.

[5] 冯正强，陈立龙．企业国家化经营的市场进入方式选择［J］．国际贸易问题，2005，8：84-87.

[6] 葛京．跨国企业海外子公司的地位与作用及其演进［J］．管理评论，2007，19：57-62.

[7] 胡玲．跨国公司在华子公司的战略地位、自主权及其绩效研究［J］．科学学与科学技术管理，2012，11：134-142.

[8] 黄庆波，冯琳．跨国公司竞争战略［M］．北京：清华大学出版社，2008.

[9] 姜彦福，金景泰，张久春，吴重山．跨国公司海外子公司的能力演化过程研究——以跟随韩国现代汽车来华的韩国零部件供应商为例［J］．中国工业经济，2009，10：150-160.

[10] 李维安，李宝权．跨国公司在华独资倾向成因分析：基于股权结构战略的视角［J］．管理世界，2003，1：57-62.

[11] 李卫东．企业竞争力评价理论与方法研究［M］．北京：中国市场出版社，2009.

[12] 厉伟．企业战略演化内在机制与风险控制研究 [J]．中国软科学，2010，8：148-153.

[13] 林花．我国企业海外子公司股权进入模式选择及其对绩效的影响机制研究 [D]．成都：西南财经大学，2014.

[14] 毛蕴诗，蒋敦福．当代跨国公司撤资理论及其新发展 [J]．四川大学学报：哲学社会科学版，2002 (2)：24-30.

[15] 毛蕴诗．跨国公司战略竞争和国际直接投资 [M]．广州：中山大学出版社，2001.

[16] 蒲明．跨国公司归核化战略的理论探讨与启示 [J]．对外经贸实务，2007，12：16-18.

[17] 任声策，陈力，沈伦钧，宣国良．跨国公司在华子公司角色演化：理论及案例分析 [J]．南开管理评论，2009，12 (6)：143-149.

[18] 王珏，林肇宏，熊立．跨国公司子公司自主权决定因素及其技术贡献研究 [J]．管理世界，2010，5：184-185.

[19] 邢彦玲．跨国公司在华子公司自主权影响因素的理论探讨 [J]．当代亚太，2006，11：22-25.

[20] 邢彦玲．跨国公司子公司自主权演进的理论研究 [J]．东岳论丛，2007，28，1：99-101.

[21] 徐笑君，刘海波．跨国公司在华研发机构角色演变模式和路径研究 [J]．研究发展与管理，2011，23 (2)：76-84.

[22] 薛春芳．面向竞争优势的企业价值链活动优化管理研究 [J]．当代经济，2013，21：52-55.

[23] 薛求知，侯仕军．海外子公司定位研究：从总部视角到子公司视角 [J]．南开管理评论，2005，8，4：60-66.

[24] 薛求知．全球学习效应：跨国公司行为新解释 [J]．复旦学报（社会科学版），2001，40，2：184-189.

[25] 亚当·斯密．国富论 [M]．西安：陕西人民出版社，2001.

[26] 杨桂菊．跨国公司子公司角色演化机制理论模型——子公司网络资本的分析视角 [J]．世界经济研究，2006，11：16-21.

［27］袁红林．海外子公司的能力、战略角色与董事会安排的匹配分析［J］．当代财经，2012，2：69-77.

［28］曾国军．跨国公司在华子公司战略角色演变——以业务范围和竞争能力为框架［J］．南开管理评论，2005，8（4）：67-72.

［29］张晓燕．跨国公司子公司能力发展及其知识转移角色演进［J］．商业时代，2009，9：27-28.

［30］张晓燕．跨国公司子公司之间的知识转移研究［M］．上海：上海世纪出版集团，2010.

［31］张晓燕．跨国公司子公司自主性活动研究——从有限理性角度的分析［J］．管理评论，2012，24：26-66.

［32］赵福厚．跨国公司母子公司关系中自主权的确定性研究［J］．南开管理评论，2004，7，5：106-111.

［33］赵景华．跨国公司在华子公司成长与发展的战略角色及演变趋势［J］．中国工业经济，2001，12：61-66.

［34］赵景华．跨国公司在华子公司战略比较研究［M］．北京：经济管理出版社，2006.

［35］郑琼娥，林峰．跨国公司在华价值链调整与我国制造业转型升级［J］．改革，2012（12）：109-116.

［36］Almeida P，Phene A. Subsidiaries and knowledge creation：The influence of the MNC and host country oninnovation［J］. *Strategic Management Journal*，2004，25（8-9）：847-864.

［37］Ambos T C，Andersson U，Birkinshaw J. What are the consequences of initiative-taking in multinational subsidiaries&quest［J］. *Journal of International Business Studies*，2010，41（7）：1099-1118.

［38］Andersson U，Dellestrand H，Pedersen T. The contribution of local environments to competence creation in multinationalenterprises［J］. *Long Range Planning*，2014，47（1）：87-99.

［39］Anderson E，Gatignon H. Modes of foreign entry：A transaction cost analysis andpropositions［J］. *Journal of International Business Studies*，1986：

1-26.

[40] Andersson U, Forsgren M, Holm U. The strategic impact of external networks: subsidiary performance and competence development in the multinationalcorporation [J]. *Strategic Management Journal*, 2002, 23 (11): 979-996.

[41] Andersson U, Forsgren M, Holm U. Balancing subsidiary influence in the federative MNC: A business networkview [J]. *Journal of International Business Studies*, 2007, 38 (5): 802-818.

[42] Andersson U, Forsgren M. Subsidiary embeddedness and control in the multinationalcorporation [J]. *International Business Review*, 1996, 5 (5): 487-508.

[43] Asmussen C G, Pedersen T, Dhanaraj C. Host-country environment and subsidiary competence: Extending the diamond networkmodel [J]. *Journal of International Business Studies*, 2009, 40 (1): 42-57.

[44] Balakrishnan S, Koza M P. Information asymmetry, adverse selection and joint-ventures: Theory andevidence [J]. *Journal of Economic Behavior & Organization*, 1993, 20 (1): 99-117.

[45] Barney J B. Strategic factor markets: Expectations, luck, and businessstrategy [J]. *Management Science*, 1986, 32 (10): 1231-1241.

[46] Bartlett C A, Ghoshal S. Managing across borders: The transnationalsolution [M]. Boston, MA: Harvard Business School Press, 1999.

[47] Bartlett C A, Ghoshal S. Transnationalmanagement [M]. McGraw Hill, 1995.

[48] Belizón M J, Gunnigle P, Morley M J, et al. Subsidiary autonomy over industrial relations in Ireland and Spain [J]. *European Journal of Industrial Relations*, 2014, 20 (3): 237-254.

[49] Benito G R G, Grøgaard B, Narula R. Environmental influences on MNE subsidiary roles: economic integration and the Nordiccountries [J]. *Journal of International Business Studies*, 2003, 34 (5): 443-456.

[50] Birkinshaw J M, Morrison A J. Configurations of strategy and structure in subsidiaries of multinationalcorporations [J]. *Journal of International Business Studies*, 1995: 729-753.

[51] Birkinshaw J, Hood N, Jonsson S. Building firm-specific advantages in multinational corporations: The role of subsidiaryinitiative [J]. *Strategic Management Journal*, 1998, 19 (3): 221-242.

[52] Birkinshaw J, Hood N. An empirical study of development processes in foreign-owned subsidiaries in Canada andScotland [J]. *MIR: Management International Review*, 1997: 339-364.

[53] Birkinshaw J, Hood N. Multinational subsidiary evolution: Capability and charter change in foreign-owned subsidiarycompanies [J]. *Academy of Management Review*, 1998, 23 (4): 773-795.

[54] Birkinshaw J, Pedersen T. Strategy and management in MNEsubsidiaries [M]. The Oxford handbook of international business, 2001: 380-401.

[55] Birkinshaw J. Entrepreneurship in multinational corporations: The characteristics of subsidiaryinitiatives [J]. *Strategic Management Journal*, 1997, 18 (3): 207-229.

[56] Birkinshaw J. How multinational subsidiary mandates are gained andlost [J]. *Journal of International Business Studies*, 1996: 467-495.

[57] Birkinshaw J. The determinants and consequences of subsidiary initiative in multinationalcorporations [J]. *Entrepreneurship Theory and Practice*, 1999, 24 (1): 9-36.

[58] Birkinshaw J. World mandate strategies for Canadian subsidiaries [M]. Industry Canada Working Paper, No. 9, 1996.

[59] Bouquet C, Birkinshaw J. Weight versus voice: How foreign subsidiaries gain attention from corporateheadquarters [J]. *Academy of Management Journal*, 2008, 51 (3): 577-601.

[60] Cantwell J. Location and the multinationalenterprise [J]. *Journal of International Business Studies*, 2009, 40 (1): 35-41.

[61] Cavanagh A, Freeman S. The development of subsidiary roles in the motor vehicle manufacturingindustry [J]. *International Business Review*, 2012, 21 (4): 602-617.

[62] Chatterjee S. Excess resources, utilization costs, and mode of entry [J]. *Academy of Management Journal*, 1990, 33 (4): 780-800.

[63] Chen S F S, Hennart J F. Japanese investors' choice of joint ventures versus wholly-owned subsidiaries in the US: The role of market barriers and firmcapabilities [J]. *Journal of International Business Studies*, 2002, 33 (1): 1-18.

[64] Chini T, Ambos B, Wehle K. The Headquarters - subsidiaries Trench: Tracing Perception Gaps within the Multinational Corporation [J]. *European Management Journal*, 2005, 23 (2): 145-153.

[65] Coff R W. When competitive advantage doesn't lead to performance: The resource-based view and stakeholder bargaining power [J]. *Organization Science*, 1999, 10 (2): 119-133.

[66] Crespo C F, Griffith D A, Lages L F. The performance effects of vertical and horizontal subsidiary knowledge outflows in multinationalcorporations [J]. *International Business Review*, 2014, 23 (5): 993-1007.

[67] Cronbach L J. Coefficient alpha and the internal structure oftests [J]. *psychometrika*, 1951, 16 (3): 297-334.

[68] Cui A S, Griffith D A, Cavusgil S T. The influence of competitive intensity and market dynamism on knowledge management capabilities of multinational corporationsubsidiaries [J]. *Journal of International Marketing*, 2005, 13 (3): 32-53.

[69] Dai L, Eden L, Beamish P W. Place, space, and geographical exposure: Foreign subsidiary survival in conflictzones [J]. *Journal of International Business Studies*, 2013, 44 (6): 554-578.

[70] D' Cruz J R. Strategic management ofsubsidiaries [M]. Managing the multinational subsidiary. London: Croom Helm, 1986: 5-39.

[71] De Jong G, VanVo D. The impact of the institutional environment on the autonomy of MNCs' subsidiaries [J]. *Problems and Perspectives in Management*, 2010, 8 (2): 53-63.

[72] de Miranda Oliveira M, Mendes Borini F. The role of subsidiaries from emerging economies—A survey involving the largest Brazilian multinationals [J]. *Thunderbird International Business Review*, 2012, 54 (3): 361-371.

[73] Delany E. Strategic development of the multinational subsidiary through subsidiary initiative-taking [J]. *Long Range Planning*, 2000, 33 (2): 220-244.

[74] Demirbag M, Tatoglu E, Glaister K W. Factors affecting perceptions of the choice between acquisition and greenfield entry: The case of Western FDI in an emergingmarket [J]. *Management International Review*, 2008, 48 (1): 5-38.

[75] Dörrenbächer C, Gammelgaard J. Subsidiary role development: The effect of micro-political headquarters-subsidiary negotiations on the product, market and value-added scope of foreign-ownedsubsidiaries [J]. *Journal of International Management*, 2006, 12 (3): 266-283.

[76] Dunning J H. Multinational enterprises and the globaleconomy [M]. Addison Wesley, 1993.

[77] Dunning J H. The globalization of business: The challenge of the1990s [M]. London: Routledge, 1993.

[78] Eckert S, Rossmeissl F. Local heroes, regional champions or global mandates? Empirical evidence on the dynamics of German MNC subsidiary roles in CentralEurope [J]. *Journal of East-West Business*, 2007, 13 (2-3): 191-218.

[79] Enright M J, Subramanian V. An organizing framework for MNC subsidiarytypologies [J]. *Management International Review*, 2007, 47 (6): 895-924.

[80] Estrin S, Baghdasaryan D, Meyer K E. The impact of institutional and human resource distance on international entrystrategies [J]. *Journal of*

Management Studies, 2009, 46 (7): 1171-1196.

[81] Feinberg S E. Do world product mandates really matter? [J]. *Journal of International Business Studies*, 2000: 155-167.

[82] Filippov S, Duysters G. Evolving subsidiary roles and regional economic integration in Europe [J]. *Transformations in Business & Economics*, 2012, 11 (1): 35-53.

[83] Frost T S, Birkinshaw J M, Ensign P C. Centers of excellence in multinationalcorporations [J]. *Strategic Management Journal*, 2002, 23 (11): 997-1018.

[84] Galunic D C, Eisenhardt K M. The evolution of intracorporate domains: Divisional charter losses in high-technology, multidivisionalcorporations [J]. *Organization Science*, 1996, 7 (3): 255-282.

[85] Garnier G H. Context and decision making autonomy in the foreign affiliates of US multinational corporations [J]. *Academy of Management Journal*, 1982, 25 (4): 893-908.

[86] Gates S R, Egelhoff W G. Centralization in headquarters-subsidiary-relationships [J]. *Journal of International Business Studies*, 1986: 71-92.

[87] Ghoshal S, Bartlett C. Tap your subsidiaries for global reach [J]. *Harvard Business Review*, 1986, 64 (6): 87-94.

[88] Ghoshal S. Global strategy: An organizingframework [J]. *Strategic Management Journal*, 1987, 8 (5): 425-440.

[89] Gnyawali D R, Singal M. Knowledge ties among subsidiaries in MNCs: A multi-level conceptualmodel [J]. *Journal of International Management*, 2009, 15 (4): 387-400.

[90] Grewal R, Chandrashekaran M, Dwyer F R. Navigating local environments with global strategies: A contingency model of multinational subsidiaryperformance [J]. *Marketing Science*, 2008, 27 (5): 886-902.

[91] Gupta A K, Govindarajan V. Knowledge flows and the structure of control within multinationalcorporations [J]. *Academy of Management Review*,

1991, 16 (4): 768-792.

[92] Harvey M G, Speier C, Novicevic M M. The impact of emerging markets on staffing the global organization: A knowledge-basedview [J]. *Journal of International Management*, 1999, 5 (3): 167-186.

[93] Harzing A W. An empirical analysis and extension of the Bartlett and Ghoshal typology of multinational companies [J]. *Journal of International Business Studies*, 2000: 101-120.

[94] Hedlund G. Autonomy of subsidiaries and formalization of headquarters-subsidiary relationships in Swedish MNCS. IN L. Otterbeck (ed.), The Management of Headquarters-subsidiary Relationships in Multinational Corporations [M]. St. Martin Press, 1981.

[95] Hennart J F, Park Y R. Greenfield vs. acquisition: The strategy of Japanese investors in the United States [J]. *Management Science*, 1993, 39 (9): 1054-1070.

[96] Hill C W L, Hwang P, Kim W C. An eclectic theory of the choice of international entrymode [J]. *Strategic Management Journal*, 1990, 11 (2): 117-128.

[97] Hitt M A, Ireland R D, Camp S M, et al. Strategic entrepreneurship: Entrepreneurial strategies for wealthcreation [J]. *Strategic Management Journal*, 2001, 22 (6-7): 479-491.

[98] Hogenbirk A E, Van Kranenburg H L. Roles of foreign owned subsidiaries in a smalleconomy [J]. *International Business Review*, 2006, 15 (1): 53-67.

[99] Homburg C, Prigge J K. Exploring Subsidiary Desire for Autonomy: A Conceptual Framework and EmpiricalFindings [J]. *Journal of International Marketing*, 2014, 22 (4): 21-43.

[100] Jarillo J C, Martíanez J I. Different roles for subsidiaries: the case of multinational corporations inSpain [J]. *Strategic Management Journal*, 1990, 11 (7): 501-512.

[101] Jensen M C, Ruback R S. The market for corporate control: The scientificevidence [J]. *Journal of Financial Economics*, 1983, 11 (1): 5-50.

[102] Kawai N, Strange R. Subsidiary autonomy and performance in Japanese multinationals in Europe [J]. *International Business Review*, 2014, 23 (3): 504-515.

[103] Keller W. Geographic localization of international technology diffusion [R]. National bureau of economic research, 2000.

[104] Kim K T, Rhee S K, Oh J. The strategic role evolution of foreign automotive parts subsidiaries in China: A case study from the perspective of capabilitiesevolution [J]. *International Journal of Operations & Production Management*, 2011, 31 (1): 31-55.

[105] Kim W C, Hwang P. Global strategy and multinationals' entry modechoice [J]. *Journal of International Business Studies*, 1992: 29-53.

[106] Kogut B, Zander U. Knowledge of the firm and the evolutionary theory of the multinationalcorporation [J]. *Journal of international business studies*, 1993: 625-645.

[107] Kogut B. Joint ventures and the option to expand andacquire [J]. *Management Science*, 1991, 37 (1): 19-33.

[108] Krishnan R T. Subsidiary initiative in Indian software subsidiaries ofMNCs [J]. *Vikalpa*, 2006, 31 (1): 61-71.

[109] Levitt T. The Globalization ofMarkets [J]. *Harvard Business Review*, 1983, 5-6: 92-102.

[110] Lin L H. Subsidiary performance: The contingency of multinational corporation's internationalstrategy [J]. *European Management Journal*, 2014, 32 (6): 928-937.

[111] Lumpkin G T, Dess G G. Linking two dimensions of entrepreneurial orientation to firm performance: The moderating role of environment and industry lifecycle [J]. *Journal of Business Venturing*, 2001, 16 (5): 429-451.

[112] Luo Y. Determinants of local responsiveness: Perspectives from for-

eign subsidiaries in an emergingmarket [J]. *Journal of Management*, 2001, 27 (4): 451-477.

[113] Luo Y. International strategy and subsidiary performance in China [J]. *Thunderbird International Business Review*, 1999, 41 (2): 153-178.

[114] Malhotra S, Gaur A S. Spatial geography and control in foreign acquisitions [J]. *Journal of International Business Studies*, 2013, 45 (2): 191-210.

[115] Malnight T W. The transition from decentralized to network-based MNC structures: An evolutionaryperspective [J]. *Journal of International Business Studies*, 1996: 43-65.

[116] Manolopoulos D. Roles of foreign - owned subsidiaries in a European peripheraleconomy [J]. *Management Research Review*, 2010, 33 (8): 840-859.

[117] Melin L. Internationalization as a strategy process [J]. *Strategic Management Journal*, 1992, 13 (S2): 99-118.

[118] Meyer K E, Estrin S. Local context and global strategy: Extending the integration responsiveness framework to subsidiary strategy [J]. *Global Strategy Journal*, 2014, 4 (1): 1-19.

[119] Meyer K E, Su Y S. Integration and responsiveness in subsidiaries in emergingeconomies [J]. *Journal of World Business*, 2015, 50 (1): 149-158.

[120] Mjoen H, Tallman S. Control and performance in international jointventures [J]. *Organization Science*, 1997, 8 (3): 257-274.

[121] Mudambi R, Navarra P. Is knowledge power? Knowledge flows, subsidiary power and rent-seeking withinMNCs [J]. *Journal of International Business Studies*, 2004, 35 (5): 385-406.

[122] Mudambi R, Piscitello L, Rabbiosi L. Reverse knowledge transfer in MNEs: subsidiaryinnovativeness and entry modes [J]. *Long Range Planning*, 2014, 47 (1): 49-63.

[123] Mudambi R. Location, control and innovation in knowledge-intens-

iveindustries [J]. *Journal of Economic Geography*, 2008, 8 (5): 699-725.

[124] Nowinski W, Rechkemmer K. Relative importance of restructuring and integration in cross-border acquisitions of firms in Poland. Static versus dynamic view [C]30th Annual Conference of the European International Business Academy (EIBA), Ljubljana. 2004: 5-8.

[125] O' Donnell S W. Managing foreign subsidiaries: agents of headquarters, or an interdependent network? [J]. *Strategic Management Journal*, 2000, 21 (5): 525-548.

[126] Pananond P. Where do we go from here?: Globalizing subsidiaries moving up the value chain [J]. *Journal of International Management*, 2013, 19 (3): 207-219.

[127] Pearce R. The evolution of technology in multinational enterprises: the role of creativesubsidiaries [J]. *International Business Review*, 1999, 8 (2): 125-148.

[128] Pedersen T. Determining Factors of Subsidiary Development [A] Tavares A. T, Teixeira, A. (eds.), Multinationals, Clusters and Innovation. Does Public Policy Matter? [C]. Palgrave Macmillan, 2006.

[129] Phelps N A, Fuller C. Multinationals, Intracorporate Competition, and Regional Development [J]. *Economic Geography*, 2000, 76 (3): 224-243.

[130] Pisoni A, Fratocchi L, Onetti A. Subsidiary autonomy in transition economies: Italian SMEs in Central and Eastern European countries [J]. *Journal for East European Management Studies*, 2013: 336-370.

[131] Prahalad C K, Doz Y L. An approach to strategic control in MNCs [J]. *Sloan Management Review*, 1981, 22 (4): 5-13.

[132] Prahalad C K, Doz Y L. The multinational mission: Balancing local demands and globalvision [M]. Simon and Schuster, 1999.

[133] Prahalad C K, Hamel G. Strategy as a field of study: Why search for a new paradigm? [J]. *Strategic Management Journal*, 1994, 15 (S2): 5-16.

[134] Prahalad C K, Hamel G. The core competence of thecorporation [M]. Boston (Ma), 1990: 235-256.

[135] Rabbiosi L. Subsidiary roles and reverse knowledge transfer: An investigation of the effects of coordination mechanisms [J]. *Journal of International Management*, 2011, 17 (2): 97-113.

[136] Raziq M M, Borini F M, Perry M. Subsidiary initiatives and subsidiary autonomy: Evidence from New Zealand andBrazil [J]. *International Entrepreneurship and Management Journal*, 2014, 10 (3): 589-605.

[137] Reuer J J, Koza M P. Asymmetric information and Joint venture performance: Theory and evidence for domestic and international joint ventures [J]. Strategic Management Journal, 2000, 21: 81-88.

[138] Richardson G B. The organisation ofindustry [J]. *The Economic Journal*, 1972: 883-896.

[139] Roth K, Morrison A J. Implementing global strategy: Characteristics of global subsidiarymandates [J]. *Journal of International Business Studies*, 1992: 715-735.

[140] Roth M S, Jayachandran S, Dakhli M, et al. Subsidiary use of foreign marketingknowledge [J]. *Journal of International Marketing*, 2009, 17 (1): 1-29.

[141] Rugman A M, Verbeke A. Subsidiary-specific advantages in multinational enterprises [J]. *Strategic Management Journal*, 2001, 22 (3): 237-250.

[142] Rugman A, Verbeke A, Yuan W. Reconceptualizing Bartlett and Ghoshal's Classification of National Subsidiary Roles in the Multinational Enterprise [J]. *Journal of Management Studies*, 2011, 48 (2): 253-277.

[143] Sargent J, Matthews L. The drivers of evolution/upgrading in Mexico's maquiladoras: How important is subsidiary initiative? [J]. *Journal of World Business*, 2006, 41 (3): 233-246.

[144] Schmid S, Dzedek L R, Lehrer M. From Rocking the Boat to Wagging the Dog: A Literature Review of Subsidiary Initiative Research and IntegrativeFramework [J]. *Journal of International Management*, 2014, 20 (2): 201-218.

[145] Scott P, Gibbons P, Coughlan J. Developing subsidiary contribution to the MNC—Subsidiary entrepreneurship and strategy creativity [J]. *Journal of International Management*, 2010, 16 (4): 328-339.

[146] Shroff N, Verdi R S, Yu G. Information environment and the investment decisions of multinationalcorporations [J]. *The Accounting Review*, 2013, 89 (2): 759-790.

[147] Solberg C A. Standardization or adaptation of the international marketing mix: the roleof the local subsidiary/ representative [J]. *Journal of International Marketing*, 2000, 8 (1): 78-98.

[148] Szulanski G. Exploring internal stickiness: Impediments to the transfer of best practice within thefirm [J]. *Strategic Management Journal*, 1996, 17 (S2): 27-43.

[149] Taggart J H. An evaluation of the integration-responsiveness framework: MNC manufacturing subsidiaries in the UK [J]. *MIR: Management International Review*, 1997a: 295-318.

[150] Taggart J H. Autonomy and procedural justice: a framework for evaluating subsidiarystrategy [J]. *Journal of International Business Studies*, 1997b: 51-76.

[151] Tseng C H, Chen L T. Determinants of subsidiary's technological capability-examining the roles of subsidiary-local supplierlinkage [J]. *Journal of Business & Industrial Marketing*, 2014, 29 (5): 374-386.

[152] Tseng C H. Determinants of MNC's Knowledge Inflows to subsidiary: A Perspective on Internalization Advantages [J]. *Management International Review*, 2015, 55 (2): 119-150.

[153] Vachani S. Global diversification's effect on multinational subsidiaries' autonomy [J]. *International Business Review*, 1999, 8 (5): 535-560.

[154] Vereecke A, Van Dierdonck R, De Meyer A. A typology of plants in global manufacturingnetworks [J]. *Management Science*, 2006, 52 (11): 1737-1750.

[155] Verbeke A, Yuan W. The Drivers of Multinational Enterprise Sub-

sidiary Entrepreneurship in China: A New Resource - Based View Perspective [J]. *Journal of Management Studies*, 2013, 50 (2): 236-258.

[156] Wang J, Liu X, Li X. A dual-role typology of multinationalsubsidiaries [J]. *International Business Review*, 2009, 18 (6): 578-591.

[157] Wang S L, Luo Y, Lu X, et al. Autonomy delegation to foreign subsidiaries: An enabling mechanism for emerging-market multinationals [J]. *Journal of International Business Studies*, 2013, 45 (2): 111-130.

[158] Williams C. Subsidiary-level determinants of global initiatives in multinationalcorporations [J]. *Journal of International Management*, 2009, 15 (1): 92-104.

[159] Williams D. Supplier linkages of foreign-owned manufacturing firms in the UK: the influence of entry mode, subsidiary autonomy and nationality [J]. *European Planning Studies*, 2005, 13 (1): 73-91.

[160] Williams D. The development of foreign-owned manufacturing subsidiaries: some empiricalevidence [J]. *European Business Review*, 1998, 98 (5): 282-286.

[161] White R E, Poynter T A. Strategies for foreign-owned subsidiaries inCanada [J]. *Business Quarterly*, 1984, 49 (2): 59-69.

[162] Yip G S. Barriers to entry: A corporateperspective [J]. *Lexicon*, MA: Lexicon Books, 1982.

[163] Yiu D, Makino S. The choice between joint venture and wholly owned subsidiary: An institutionalperspective [J]. *Organization Science*, 2002, 13 (6): 667-683.

[164] Young S, Lan P. Technology transfer to China through foreign directinvestment [J]. *Regional Studies*, 1997, 31 (7): 669-679.

[165] Zollo M, Winter S G. Deliberate learning and the evolution of dynamiccapabilities [J]. *Organization Science*, 2002, 13 (3): 339-351.

附录1：跨国公司战略与子公司角色调查问卷

尊敬的先生、女士：您好！

本人正在做一项跨国公司竞争战略与子公司角色方面的研究。恭请您能在百忙之中抽出时间回答本次问卷，以帮助我准确、全面地了解贵公司这方面的基本情况。该问卷的问题不会涉及贵公司的实质性数据和商业机密性问题，仅供学术研究使用，并且不对外公布，敬请放心。

希望本问卷能够由对贵公司相关情况有深入了解的人士填写，并且如果在填写过程中有任何疑问，请与作者联系。在此衷心感谢您的协助与支持，祝您工作顺利，健康快乐！

一、贵公司（子公司）基本信息调查

请在选择题题号上打“√”，若在电脑上，请将相应的选项改为红色即可。填空题请填写完整。

1. 贵公司名称：____________________

2. 贵公司所在地（城市）：__________________

3. 母公司位于哪个国家：____________________

4. 贵公司成立于_________年。公司雇员人数约___________。年营业额约___________。

5. 贵公司所在行业（单选）：

（1）贸易；（2）制造业；（3）资源开发；（4）交通、物流；（5）通信、计算机、互联网；（6）建筑、基础设施建设；（7）旅游、餐饮；

（8）金融、咨询服务；（9）其他行业（请注明）____________

二、跨国公司在华子公司的战略与角色信息调查

请在选择题题号上打“√”，若在电脑上，请将相应的选项改为红色即可。填空题请填写完整。表格中的各题请您凭印象和直觉来回答，从“1”到“5”分程度依次加深，请在相应的数字上打“√”，若在电脑上，请将相应的数字改为红色即可。

（1—很低，2—较低，3—中等，4—较高，5—很高）

（一）子公司自主权		贵公司初成立					当前					10年后预期				
1	贵公司广告内容决策制定的自主程度	1	2	3	4	5	1	2	3	4	5	1	2	3	4	5
2	贵公司产品定价的自主程度	1	2	3	4	5	1	2	3	4	5	1	2	3	4	5
3	贵公司分销渠道选择的自主程度	1	2	3	4	5	1	2	3	4	5	1	2	3	4	5
4	贵公司广告预算的自主程度	1	2	3	4	5	1	2	3	4	5	1	2	3	4	5
5	贵公司产品投放市场决定的自主程度	1	2	3	4	5	1	2	3	4	5	1	2	3	4	5
6	贵公司员工培训的自主程度	1	2	3	4	5	1	2	3	4	5	1	2	3	4	5
7	贵公司高级管理者中当地人员所占比重	1	2	3	4	5	1	2	3	4	5	1	2	3	4	5
8	贵公司营运资金决策的自主程度	1	2	3	4	5	1	2	3	4	5	1	2	3	4	5
9	贵公司资本预算决策的自主程度	1	2	3	4	5	1	2	3	4	5	1	2	3	4	5
10	贵公司外部审计员选择的自主程度	1	2	3	4	5	1	2	3	4	5	1	2	3	4	5
11	贵公司产品库存水平决策的自主程度	1	2	3	4	5	1	2	3	4	5	1	2	3	4	5
12	贵公司产品质量标准决策的自主程度	1	2	3	4	5	1	2	3	4	5	1	2	3	4	5
13	贵公司产品是当地生产还是从其他地区进口决策的自主程度	1	2	3	4	5	1	2	3	4	5	1	2	3	4	5
14	贵公司研发项目选择决策的自主程度	1	2	3	4	5	1	2	3	4	5	1	2	3	4	5
15	贵公司研发预算决策的自主程度	1	2	3	4	5	1	2	3	4	5	1	2	3	4	5

（二）子公司能力		贵公司初成立					当前					10年后预期				
16	贵公司产品质量的高低	1	2	3	4	5	1	2	3	4	5	1	2	3	4	5
17	贵公司供货时间的遵守程度	1	2	3	4	5	1	2	3	4	5	1	2	3	4	5
18	贵公司生产成本的高低	1	2	3	4	5	1	2	3	4	5	1	2	3	4	5
19	贵公司应对紧急需求的能力	1	2	3	4	5	1	2	3	4	5	1	2	3	4	5

续表

（二）子公司能力		贵公司初成立					当前					10年后预期				
20	贵公司生产技术水平	1	2	3	4	5	1	2	3	4	5	1	2	3	4	5
21	贵公司员工的业务能力	1	2	3	4	5	1	2	3	4	5	1	2	3	4	5
22	辞职率	1	2	3	4	5	1	2	3	4	5	1	2	3	4	5
23	中方经理的管理水平	1	2	3	4	5	1	2	3	4	5	1	2	3	4	5
24	中方员工的企业意识和遵守纪律的程度	1	2	3	4	5	1	2	3	4	5	1	2	3	4	5
25	外籍员工对中国文化的了解程度	1	2	3	4	5	1	2	3	4	5	1	2	3	4	5
26	外籍员工的海外工作经验	1	2	3	4	5	1	2	3	4	5	1	2	3	4	5
27	外籍职员与中国员工的沟通能力	1	2	3	4	5	1	2	3	4	5	1	2	3	4	5
28	收集子公司的供应商信息的能力	1	2	3	4	5	1	2	3	4	5	1	2	3	4	5
29	评估和挑选子公司的供应商的能力	1	2	3	4	5	1	2	3	4	5	1	2	3	4	5
30	向贵公司的供应商传授技术和提供技术援助的意愿	1	2	3	4	5	1	2	3	4	5	1	2	3	4	5
31	向贵公司的供应商传授技术和提供技术援助的能力	1	2	3	4	5	1	2	3	4	5	1	2	3	4	5
32	面临共同的问题时与供应商协调的能力	1	2	3	4	5	1	2	3	4	5	1	2	3	4	5
33	与供应商沟通以及信息共享的程度	1	2	3	4	5	1	2	3	4	5	1	2	3	4	5
34	收集当地市场信息的能力	1	2	3	4	5	1	2	3	4	5	1	2	3	4	5
35	对在华外籍客户的营销积极性	1	2	3	4	5	1	2	3	4	5	1	2	3	4	5
36	对在华外籍客户的销售占总销量的比重	1	2	3	4	5	1	2	3	4	5	1	2	3	4	5
37	对中国客户的营销积极性	1	2	3	4	5	1	2	3	4	5	1	2	3	4	5
38	对中国客户的销售占总销量的比重	1	2	3	4	5	1	2	3	4	5	1	2	3	4	5
39	出口占总销量的比重	1	2	3	4	5	1	2	3	4	5	1	2	3	4	5
40	开拓市场调查的研发能力	1	2	3	4	5	1	2	3	4	5	1	2	3	4	5
41	满足当地需求的开发技术的能力	1	2	3	4	5	1	2	3	4	5	1	2	3	4	5
42	利用中国的技术和资源来开展研发活动的意愿	1	2	3	4	5	1	2	3	4	5	1	2	3	4	5
43	利用中国的技术和资源来开展研发活动的能力	1	2	3	4	5	1	2	3	4	5	1	2	3	4	5

（三）目标市场范围

44（1）贵公司初成立时的目标市场范围（单选）：

A 中国市场；B 区域市场；C 全球市场（注：中国市场<区域市场<全

球市场）

（2）贵公司此时的目标市场范围（单选）：

A 中国市场；B 区域市场；C 全球市场

（3）预期 10 年后贵公司的目标市场范围（单选）：

A 中国市场；B 区域市场；C 全球市场

（四）价值链活动

45（1）贵公司初成立时所从事的价值活动（多选）：

A 营销/销售；B 产品和服务的生产；C 采购；D 研发；E 售后服务；F 区域中心；G 其他价值活动（请注明）________

（2）贵公司此时所从事的价值活动（多选）：

A 营销/销售；B 产品和服务的生产；C 采购；D 研发；E 售后服务；F 区域中心；G 其他价值活动（请注明）________

（3）预期 10 年后贵公司所从事的价值活动（多选）：

A 营销/销售；B 产品和服务的生产；C 采购；D 研发；E 售后服务；F 区域中心；G 其他价值活动（请注明）________

（五）知识流动		贵公司初成立					当前					10 年后预期				
46	贵公司的工作在多大程度上受到跨国公司内其他子公司知识的影响	1	2	3	4	5	1	2	3	4	5	1	2	3	4	5
47	贵公司经常得到跨国公司内其他子公司的知识支持	1	2	3	4	5	1	2	3	4	5	1	2	3	4	5
48	当贵公司的工作需要跨国公司内其他子公司的知识支持时可以迅速得到帮助	1	2	3	4	5	1	2	3	4	5	1	2	3	4	5
49	贵公司的代表性知识在多大程度上能影响跨国公司内其他子公司的工作	1	2	3	4	5	1	2	3	4	5	1	2	3	4	5
50	贵公司的代表性知识经常为跨国公司内其他子公司的工作提供支持	1	2	3	4	5	1	2	3	4	5	1	2	3	4	5
51	跨国公司内其他子公司的工作需要贵公司的知识支持，贵公司会迅速行动	1	2	3	4	5	1	2	3	4	5	1	2	3	4	5

三、跨国公司在华子公司角色演化影响机制调查

请在选择题题号上打“√”，若在电脑上，请将相应的选项改为红色即可。填空题请填写完整。表格中的各题请您凭印象和直觉来回答，从“1”到“5”分程度依次加深，请在相应的数字上打“√”，若在电脑上，请将相应的数字改为红色即可。

（1—很低，2—较低，3—中等，4—较高，5—很高）

（六）子公司竞争战略		贵公司初成立					当前					10年后预期				
52	贵公司强调从不同国家工资差距中获得收益	1	2	3	4	5	1	2	3	4	5	1	2	3	4	5
53	贵公司强调规模经济（规模经济指通过扩大生产规模获取成本优势）	1	2	3	4	5	1	2	3	4	5	1	2	3	4	5
54	贵公司在生产和研发中寻找潜在的规模经济	1	2	3	4	5	1	2	3	4	5	1	2	3	4	5
55	贵公司与各个子公司共同承担投资和成本	1	2	3	4	5	1	2	3	4	5	1	2	3	4	5
56	贵公司从不同国家固定成本的差距中获得收益	1	2	3	4	5	1	2	3	4	5	1	2	3	4	5
57	贵公司与各个子公司共同承担不同业务的投资和成本	1	2	3	4	5	1	2	3	4	5	1	2	3	4	5
58	贵公司强调根据中国的特点进行生产经营从而获取收益	1	2	3	4	5	1	2	3	4	5	1	2	3	4	5
59	贵公司具有应对中国政治风险的灵活性	1	2	3	4	5	1	2	3	4	5	1	2	3	4	5
60	贵公司的全球战略在人员配置中强调灵活性	1	2	3	4	5	1	2	3	4	5	1	2	3	4	5
61	贵公司的全球战略在核心资源分配中强调灵活性	1	2	3	4	5	1	2	3	4	5	1	2	3	4	5
62	贵公司强调从其他子公司组织流程的不同中学习	1	2	3	4	5	1	2	3	4	5	1	2	3	4	5
63	贵公司强调从各个业务流程中学习	1	2	3	4	5	1	2	3	4	5	1	2	3	4	5
64	贵公司与其他子公司共享产品和组织流程的创新	1	2	3	4	5	1	2	3	4	5	1	2	3	4	5
65	贵公司强调从各个子公司的管理系统中学习	1	2	3	4	5	1	2	3	4	5	1	2	3	4	5

(七) 股权结构

66 现阶段贵公司的股权结构:

A 合资;　　B 独资

(八) 市场进入方式

67 贵公司的市场进入方式:

A 绿地投资;　　B 并购

(九) 子公司能动性		当前					10 年后预期				
68	贵公司成立以后研发新产品并销往全球	1	2	3	4	5	1	2	3	4	5
69	贵公司成立以后由于自身管理而吸引了新的商业职能	1	2	3	4	5	1	2	3	4	5
70	贵公司成立以后由于自身的管理而吸引了新的合作投资	1	2	3	4	5	1	2	3	4	5
71	母公司新的全球商业活动始于贵公司	1	2	3	4	5	1	2	3	4	5
72	贵公司为了市场领导者地位向主要的竞争者发起挑战	1	2	3	4	5	1	2	3	4	5

(十) 东道国因素		很低	较低	一般	较高	很高
73	当地人才的可得性	1	2	3	4	5
74	原材料的可得性	1	2	3	4	5
75	供应商的质量	1	2	3	4	5
76	顾客要求的高低	1	2	3	4	5
77	当地市场的竞争程度	1	2	3	4	5

(十一) 经营目的

78 贵公司此时的经营目的(单选)

A 寻求效率;B 寻求市场;C 寻求资源;D 寻求战略资产

四、受访者统计性调查

请在（ ）中打“√”，若在电脑上，请将相应的选项改为红色即可。填空题请填写完整。

1. 您的性别：男（ ） 女（ ）

2. 您的年龄：30 岁以下（ ） 31~40 岁（ ） 40 岁以上（ ）

3. 您的学历：研究生以上（ ） 本科（ ） 本科以下（ ）

4. 您的职位是：__________，您在该职位已工作__________年。

5. 问卷填写日期：________年________月__________日

6. 贵公司公章：

附录 2：访谈提纲

尊敬的先生/女士：

您好！

为了了解跨国公司在华子公司角色演化的情况，特展开此次调查。我们设计了以下访谈提纲。因为您的见解和指示对于我们的工作至关重要，所以请您尽可能回答得详细一些。我们承诺本次访谈中的内容仅作学术研究使用，将严格保密。

最后，感谢您的参与和配合。祝您生活愉快！

访谈提纲

1. 请举例说明贵公司的自主权、能力、目标市场范围、价值链活动附加值以及知识流动情况。	子公司角色
2. 自贵公司成立至今，这些方面发生了怎样的变化？请举例说明。	角色演化路径

续表

3. 您认为哪些因素引起了贵公司这些方面的改变？这些因素是如何影响的？请举例说明。	角色演化影响机制

访谈到此结束，非常感谢您的配合！

附录3：调查的跨国公司在华子公司名单

序号	公司名称	公司所在地	母公司所在地	行业
1	IBM浙江宁波分公司	宁波	美国	5
2	卡拉玛服装（青岛）有限公司	青岛	德国	2
3	青岛世正乐器有限公司	青岛	韩国	2
4	青岛吉世有限公司	青岛	韩国	2
5	莱茵集团	北京	德国	3
6	斯比克（中国）投资有限公司	上海	美国	2
7	爱立信（中国）有限公司	北京	瑞典	5
8	罗盖特连云港有限公司	连云港	法国	2
9	上海劳伦茨橡胶制品有限公司	上海	丹麦	2
10	佳世客购物中心	青岛	日本	1
11	迪卡侬（体育用品）公司	上海	法国	1
12	美国国家半导体（苏州）有限公司	苏州	美国	2
13	世源电子有限公司	威海	韩国	2
14	施耐德（苏州）变频器有限公司	苏州	法国	2
15	宜家	大连	瑞典	1
16	广州壳牌石油化工有限公司	广州	荷兰	3
17	罗氏诊断产品（上海）有限公司	上海	瑞士	2
18	上海汽车制动系统有限公司	上海	德国	2
19	深圳童怡远东贸易有限公司中山分公司	中山	美国	1
20	先灵（广州）药业有限公司	广州	德国	2
21	LG伊诺特中国有限公司	烟台	韩国	2
22	博世汽车部件（苏州）有限公司	苏州	德国	2
23	三星电子（苏州）半导体有限公司	苏州	韩国	2
24	威海成宇硒鼓有限公司	威海	韩国	5

续表

序号	公司名称	公司所在地	母公司所在地	行业
25	SMC（北京）制造有限公司	北京	日本	2
26	伊顿电气有限公司中山分公司	中山	美国	2
27	家乐福	青岛	法国	1
28	利乐包装（呼和浩特）有限公司	呼和浩特	瑞典	2
29	威海大宇电子有限公司	威海	韩国	2
30	NEC东金电子（厦门）有限公司	厦门	日本	2
31	上海井上新艺塑料有限公司	上海	日本	2
32	上海通用汽车有限公司	上海	美国	2
33	宝洁（中国）有限公司	广州	美国	9
34	葛兰素史克（中国）投资有限公司	北京	英国	2
35	上海花旗集团	上海	美国	8
36	中外运敦豪	上海	德国	4
37	施耐德电器西安分公司	西安	德国	2
38	百盛商业发展有限公司	青岛	马来西亚	1
39	SGS通标广州分公司	广州	瑞士	8
40	济南易初莲花连锁超市有限公司	济南	泰国	1
41	意大利贝塔工具有限公司驻中国办事处	青岛	意大利	1
42	阿斯利康中国有限公司	上海	英国	2
43	安捷伦中国有限公司	上海	德国	9
44	H&M海恩斯莫里斯（上海）商业有限公司	上海	瑞典	2
45	上海江崎格力高食品有限公司	上海	日本	7
46	沃尔玛中国有限公司北京分公司	北京	美国	1
47	NU SKIN国际集团上海分公司	上海	美国	1
48	迈智微电子（上海）有限公司	上海	美国	5
49	青岛朗讯科技通讯设备有限公司	青岛	美国	5
50	安德鲁电信器材（中国）有限公司	苏州	美国	2
51	康宝莱郑州分公司	郑州	美国	9
52	法国道达尔中国公司	石家庄	法国	3
53	飞利浦（中国）投资有限公司	北京	荷兰	2
54	拉法基层面系统（青岛）有限公司	青岛	法国	6
55	天津鑫海公用事业发展有限公司	天津	美国	9
56	托克贸易（上海）有限公司	上海	荷兰	1

续表

序号	公司名称	公司所在地	母公司所在地	行业
57	卡西欧电子科技有限公司中山分公司	中山	日本	2
58	大连 SK 商事	大连	韩国	1
59	青岛摩碧聂斯电装有限公司	青岛	韩国	2
60	卫材（中国）药业有限公司	苏州	日本	2
61	青岛圣戈班韩洛玻璃有限公司	青岛	法国	2
62	辉瑞制药有限公司	上海	美国	2
63	青岛松本造船有限公司	青岛	日本	4
64	安捷伦科技（中国）有限公司	北京	美国	5
65	汉高中国投资有限公司	上海	德国	2
66	德州仪器（中国）有限公司	北京	美国	2
67	曼秀雷敦（中国）药业有限公司	中山	美国	1
68	北京艾科泰电子有限公司	北京	芬兰	5
69	李尔中国有限公司	上海	美国	2
70	和路雪武汉分公司	武汉	美国	7
71	青岛菱东纺织有限公司	青岛	日本	2
72	威海裕罗电器装配有限公司	威海	韩国	2
73	西迪斯（中山）科技有限公司	中山	美国	2
74	三菱电机（广州）压缩机有限公司	广州	日本	2
75	成都宝洁有限公司	成都	美国	2
76	乐购	大连	英国	1
77	青岛联合包装有限公司	青岛	日本	2
78	瑞表企业管理（上海）有限公司	上海	瑞士	1
79	施耐德电气（制造）武汉有限公司	武汉	德国	2
80	基伊埃（芜湖）川崎机械制冷设备有限公司	芜湖	德国	2
81	康福食品有限公司	沈阳	新加坡	7
82	麦德龙	青岛	德国	9
83	青岛南天皮件有限公司	青岛	韩国	2
84	青岛新青锋农牧发展有限公司	青岛	韩国	9
85	旭电（苏州）科技有限公司	苏州	美国	2
86	日本高见泽株式会社	济南	日本	6
87	拜耳（中国）有限公司	上海	德国	2
88	罗杰斯科技（苏州）有限公司	苏州	美国	2

续表

序号	公司名称	公司所在地	母公司所在地	行业
89	上海安普泰科电子有限公司	上海	美国	2
90	强生（中国）有限公司	北京	美国	2
91	瑞侃电子（上海）有限公司	上海	美国	2
92	飞索半导体（中国有限公司）	苏州	美国	2
93	爱普生（中国）有限公司	北京	日本	2
94	上海贝塔斯曼商业服务有限公司	上海	德国	9
95	日电（中国）有限公司	广州	日本	5
96	卡特彼勒（徐州）设计中心有限公司	徐州	美国	5
97	甲骨文软件系统中国有限公司	苏州	美国	5
98	青岛志高缝纫制品有限公司	青岛	日本	2
99	上海仁恒房地产有限公司	上海	新加坡	6
100	济南成滕纺织有限公司	济南	日本	2
101	深圳市星颖达实业有限公司	深圳	美国	1
102	上海杜邦光掩膜有限公司	上海	美国	2
103	青岛澳华物流有限公司	青岛	澳大利亚	4
104	沃尔玛（青岛）百货有限公司	青岛	美国	1
105	上海伊藤忠商事有限公司	上海	日本	1
106	奥美公共关系国际集团	上海	美国	8
107	梅特勒特立多仪器（上海）有限公司	上海	美国	2
108	北京微软（中国）有限公司	北京	美国	5
109	爱迪德技术（北京）有限公司	北京	荷兰	5
110	乐金显示贸易（深圳）有限公司	深圳	韩国	1
111	丸红（北京）商业贸易有限公司	北京	日本	1
112	雅培贸易（上海）有限公司	上海	美国	1
113	3M 中国有限公司	上海	美国	9
114	济南正大有限公司	济南	泰国	9
115	液化空气（中国）投资有限公司	上海	法国	9
116	上海理光数码设备有限公司	上海	日本	2
117	托德斯（上海）商贸有限公司	上海	意大利	1
118	欧司朗（中国）照明有限公司	佛山	德国	2
119	广汽丰田汽车有限公司	广州	日本	2
120	南京夏普电子有限公司	南京	日本	2

续表

序号	公司名称	公司所在地	母公司所在地	行业
121	佳能（中山）办公设备有限公司	中山	日本	2
122	秦皇岛科泰工业有限公司	秦皇岛	韩国	2
123	法国建筑设计公司	北京	法国	6
124	迈科清洗科技（中山）有限公司	中山	德国	2
125	德国蕴宝有限公司	青岛	德国	1
126	伊莱克斯（中国）电器有限公司	长沙	瑞典	2
127	苹果公司中国总部	北京	美国	5
128	礼来国际贸易（上海）有限公司	上海	美国	2
129	苏州卫美恒医疗器械有限公司	苏州	比利时	2
130	农标普瑞纳（哈尔滨）饲料有限公司	哈尔滨	美国	2
131	康明斯（中国）投资有限公司	北京	美国	2
132	联合利华（中国）有限公司	上海	荷兰、英国	2
133	lemanarc 建筑师事务所	上海	瑞士	6
134	邦吉（上海）管理有限公司	上海	荷兰	1
135	长春长客庞巴迪轨道车辆有限公司	长春	加拿大	4
136	多喜佳伴纳服饰商业（上海）有限公司	上海	意大利	2
137	欧莱雅（中国）有限公司	上海	美国	1
138	青岛三菱电机有限公司	青岛	日本	2
139	上海巴斯夫应用化工有限公司	上海	德国	9
140	西门子控股公司	上海	德国	9
141	惠普北京公司	北京	美国	5
142	英特儿营养乳品有限公司	上海	荷兰	7
143	日本财产保险（中国）有限公司上海分公司	上海	日本	8
144	美国福禄克（Fluke）电子仪器仪表公司	北京	美国	2
145	JVC 电子公司	福州	日本	2
146	艾利包装系统产品有限公司	青岛	美国	2
147	21 世纪不动产中国公司	北京	美国	6
148	日立（中国）有限公司	北京	日本	1
149	上海住友商事有限公司	上海	日本	1
150	福建源光亚明电器有限公司	福建	美国	2
151	一汽大众汽车有限公司	长春	德国	2
152	青岛信王皮革有限公司	青岛	韩国	2

续表

序号	公司名称	公司所在地	母公司所在地	行业
153	上海科泰运输制冷设备有限公司	上海	新加坡	2
154	万都（天津）汽车零部件有限公司	天津	韩国	2
155	青岛山本工业有限公司	青岛	日本	2
156	名幸电子武汉有限公司	武汉	日本	2
157	长安福特汽车有限公司杭州分公司	杭州	美国	2
158	松下电器机电（深圳）有限公司	深圳	日本	1
159	升德升（连云港）电子有限公司	连云港	德国	2
160	艾默生环境优化技术有限公司	苏州	美国	1
161	高丽制钢新型合金材料有限公司	青岛	韩国	2
162	GP（中国）电子有限公司	上海	美国	2
163	霍尼韦尔中国有限公司	上海	美国	2
164	上海胜邦质量检测有限公司深圳分公司	上海	美国	9
165	青岛环球码头开发有限公司	青岛	美国	4
166	莫特麦克唐纳咨询（北京）有限公司	北京	英国	8
167	德勤华永会计师事务所	北京	英国	8
168	IBM 中国	北京	美国	9
169	英联食品集团	北京	英国	7
170	青岛久益鸿润国际贸易有限公司	青岛	美国	1
171	普华永道会计师事务所	北京	英国	8
172	青岛新进化工有限公司	青岛	韩国	2
173	世能达物流（天津）有限公司	天津	美国	4
174	青岛四方庞巴迪铁路运输设备有限公司	青岛	加拿大	2
175	青岛昌新鞋业有限公司	青岛	韩国	2
176	青岛东洋汽车散热器有限公司	青岛	日本	2
177	青岛花原环境设备有限公司	青岛	日本	2
178	青岛可口可乐饮料公司	青岛	美国	7
179	青岛法罗力暖通技术有限公司	青岛	意大利	2

注：行业代码分别为1—贸易；2—制造业；3—资源开发；4—交通、物流；5—通信、计算机、互联网；6—建筑、基础设施建设；7—旅游、餐饮；8—金融、咨询服务；9—其他

重要术语索引表